JN084485

酸素同位体比
年輪年代法

先史・古代の暦年と天候を編む

中塚　武

同成社

まえがき——本書の三つの目的

　2011年9月10日、名古屋大学で開催されたシンポジウム『考古学における年代決定と気候変動研究の新展開』の場で私は、年輪年代法と放射性炭素年代法のそれぞれの第一人者の先生方の講演に引き続いて、当時まだほとんど年代決定の実績がなかった「酸素同位体比年輪年代法」の考古学への応用の開始を宣言した。「年輪」とは、木材を見慣れた人間であれば誰もが知っている、あの縞模様のことである。その年輪を最新の技術で分析することで生まれた「酸素同位体比年輪年代法」は、それからわずか10年ほどの間に、考古学や歴史学、気候学や生態学などの多様な分野と連携しながら、ここ日本で急速に発展してきた。その背景に何があり、どのような課題があったのか。そして、課題はどのように乗り越えられ、あるいは乗り越えられる可能性があるのか。本書では、その経緯と今後の方向性について、さまざまな角度から紹介することで、本方法の利用を考える全国の考古学関係者のみならず、学問の発展に興味を持つ一般の方々、将来それを切り開いていく立場にある学生の皆さんに、新しい情報提供を試みる。

　本書の執筆にあたり、筆者として三つの目的を持っていることを、最初に述べておきたい。

　第一は、まだ十分に認知されていない酸素同位体比年輪年代法の手法を、日本全国の埋蔵文化財調査員の方々に理解していただくこと。最近、この手法に興味を持たれる全国の埋蔵文化財調査関係者の皆さんから、出土した木材の選別や保存の方法について、基本的な質問を受けることが多くなった。手法の中身がよくわからなければ、敬遠されてしまう可能性も高くなるが、実際にはこの手法の大部分の工程は、都道府県の埋蔵文化財センターの既存の施設で十分に遂行できるものである。この技術を普及するために現在、自治体の調査員の

皆さんなどを対象に講習会も開催しているが、本書を通じて、その全貌を理解していただくことも大変有意義だろうと考えている。是非、自らの遺跡発掘調査の実情と重ね合わせて、本書を読んでいただければ幸いである。

第二は、考古学を含む学問一般に興味を持つ幅広い方々に、酸素同位体比年輪年代法という新しい手法の開発における、草創期の課題と問題点を具体的に理解していただくこと。酸素同位体比年輪年代法は、考古学、地球化学、気候学、歴史学、生態学といった多数の異分野の境界領域に位置する研究分野であるが、ゲノム解析などと比べると、極めてマイナーな研究分野に過ぎない。その研究成果の中には「諸説あった前期難波宮の建設時期がわかった」とか「倭国乱の背景にある激しい気候変動の状況が明らかになった」など、新聞やニュースを賑わせることもあるが、その際に研究手法の中身にまで触れて全貌が紹介されることは少ない。しかし、それは日本が世界に先駆けて開発した数々の基本的技術に基づいており、その開発の歴史には、異分野の今後の発展にも関係する、さまざまなエピソードが隠されている。そうした科学史的な興味からも、酸素同位体比年輪年代法の草創期の自画像を見ていただければと思っている。

第三は、これから学問を志す若い皆さんに、この分野の将来性について知ってもらうこと。研究者ならば誰もが思うことであるが、せっかく時間をかけて発展させた学問分野が後継者不足のために消滅してしまうということは、個人としても世の中にとっても大変残念なことである。この酸素同位体比年輪年代法のように既存学問の境界領域に位置する研究分野は、研究者の人口が増大している学術研究の拡大期であれば積極的に探究されるが、その逆に研究者人口が縮小している時代には、既存学問の中心部分を守るために撤退の対象となることが多い。この点、中国のように研究費の拡大が続いている国では、実際、この年輪酸素同位体比の研究に多くの学生が集まっているが、日本のように研究費と研究成果の縮小が懸念されている国では、なかなか若い学生が集まらない状況にある。しかし将来性はあるが研究者が少ない分野こそが、若手の研究者が将来チャンスをつかむのに最も適した分野であることも間違いない。若い

学生の皆さんに、是非、この分野の可能性を知ってもらえれば幸いである。

　酸素同位体比年輪年代法は、遺跡出土材の年代決定に使えるだけでなく、高い時間分解能で過去の気候変動を復元できる技術でもある。それゆえ本書では、酸素同位体比年輪年代法を用いることで「気候変動と人間社会の歴史的関係を解明して、地球温暖化をはじめとする現代社会が直面する諸問題の解決に、考古学が幅広く貢献していけるはずである」という視点から、必ずしも私の専門ではない考古学についても、踏み込んだ解説を行っている。その記述の多くは善意の考古学者による添削を受けているが、不自然な部分が残っている場合は、すべて私自身のこだわりのせいであり、率直にご批判を頂きたい。また本書は専門書ではあるが、異分野の研究者や一般の方々を広く読者として想定しているので、引用文献は入手しやすいものを中心に最小限のものに留めた。併せて、ご理解いただけると幸いである。

目　次

酸素同位体比年輪年代法

──先史・古代の暦年と天候を編む──

第1章　酸素同位体比年輪年代法の背景

　　　理系と文系の学問の間には、越えがたい大きな壁がある。共同研究と
　　個人研究のどちらを重視するか、現象の法則性をどう考えるか、「人間」
　　を特別な存在と考えるかどうか……。両者の違いに由来する文理の壁は
　　数限りなくあるが、酸素同位体比年輪年代法という理系の技術を、考古
　　学という日本では文系に位置づけられる学問に導入する際にも、さまざ
　　まな壁があった。それは文理の壁という普遍性を背負いながら、日本の
　　考古学が置かれている極めて特殊な状況も反映している。考古学者や考
　　古学ファンには当たり前となっている、その状況が異分野の目からはど
　　のように映るのか。壁を取り払って新しい研究を始める際には、互いの
　　視野の違いへの認識から出発する必要があった。

1. 先史・古代史の新しい研究方法

酸素同位体比年輪年代法とは

　考古学には出土した遺物の年代を決定するさまざまな方法があるが、その中
でも年輪年代法は、年単位で木質遺物の年代を決定できるため、考古学におけ
る最も精度の高い年代決定法である。それは同じ地域の同じ樹種の樹木であれ
ば、その年ごとの成長量、すなわち年輪幅が、気温や降水量などの共通の環境
因子の変動に合わせて同調して変化するという性質を利用している。年輪幅と
いう比較的簡単に計測できる指標の変動パターンを、あらかじめ年代のわかっ
た資料群と年代が未知の新たな出土材との間で比較して、その変動パターンが

一致する場所（年代）を見つけるという仕組みは、誰にでも理解しやすく、日本の考古学にも過去数十年の間に広く受け入れられてきた（奈良文化財研究所編 1990、光谷 2005）。

　酸素同位体比年輪年代法は、年輪幅の代わりに年輪の主成分であるセルロースに含まれる酸素同位体比という化学的指標を測定して、その酸素同位体比の変動パターンを年代が既知の資料と未知の資料の間で比較するという手の込んだ方法である。従来の年輪年代法と比べると比較の対象である年輪の幅が、年輪の酸素同位体比に代わっただけで、年輪年代法の一種であることには変わりはない。一方でセルロースの酸素同位体比は、物差し1本でも計測可能だった年輪幅とは異なり、その測定に膨大な時間と労力と技術と費用がかかる。しかも年輪幅は、出土木製品の外観をデジタルカメラで撮影するだけでも測れるが、酸素同位体比は、データを得るために貴重な文化財である出土木製品をのこぎりで切断するようなことも、時と場合によっては行わねばならない。当然、分析に向けたハードルは高くなる。

酸素同位体比年輪年代法の利点

　なぜ、このような面倒なことを始めたのか。もちろん、それには理由がある。

　第一に、年輪の酸素同位体比は年輪幅よりも、樹木の個体間での変動パターンの一致度が高いことが多い。つまりパターン照合で年代を決定する作業において、それが成功する確率が高い。

　第二に、酸素同位体比はあらゆる樹種の年輪に等しく応用できる。年輪幅による年代測定は、ヒノキやスギなどの限られた針葉樹にしか応用できなかったが、年輪の酸素同位体比の変動パターンは、樹種の違いによらず、広葉樹でもよく一致するのである。この知見を最初に遺跡の出土材の年代決定に応用した実例として、愛知県埋蔵文化財センターの樋上昇氏から提供された、愛知県安城市寄島遺跡から出土した弥生時代後期の竪穴住居のコナラの柱材断片の事例をあげたい（図1）。この竪穴住居の柱は年輪数が40年程度であり、従来の年

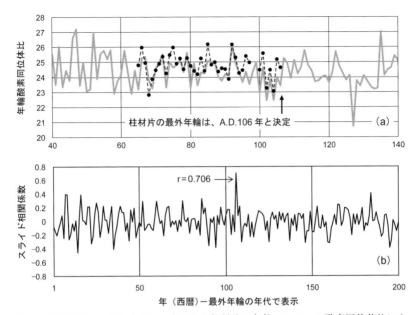

図 1　愛知県安城市寄島遺跡から出土した柱材片の年輪セルロース酸素同位体比による年輪年代決定。(a) 年代既知の木曽ヒノキ（灰）と柱材片（黒）のデータの合致年代における比較と (b) 両者のスライド相関（年代は柱材片の最外年輪に対して表示）。酸素同位体比による年輪年代決定の手順の詳細については、第 5 章参照のこと。

輪幅に基づく年輪年代法で通常必要とされる約 100 年よりもはるかに少なく、樹種が針葉樹ではないこともあって、従来は全く測定の対象外であったが、酸素同位体比の導入によって、初めて年代が決定できた。

　第三に、酸素同位体比を使えば、夏の気候の年々の変動が精度よく復元できる（中塚 2006・2014）。それゆえ酸素同位体比を用いて、日本史のさまざまな時代に起きた気候の変動が詳細に復元できれば、気候変動メカニズムの解明という自然科学的研究はもちろん、気候変動が日本史に与えた影響の理解という全く新しい文理融合研究を始められる可能性がある（中塚 2010・2012・2016）。「気候変動が過去の社会に影響を与えた」という可能性は、昨今の地球温暖化への社会的対応の必要性からも十分に考えられるが、遺跡出土材の年輪

4

酸素同位体比を使って、気候変動の復元と遺跡の年代決定が同時に行われれば、先史・古代史を巡る気候変動と社会応答の「原因」と「結果」に関する議論が一気に進められ、まさに一石二鳥の成果を得ることが期待できた。

こうした酸素同位体比の優位性を反映して、酸素同位体比年輪年代法はここ10年ほどの間に急速に普及してきた（中塚 2015a・2018・2020）。しかし、そのための化学分析やデータ解析には、時間、労力、技術、費用等々の面でさまざまな課題があり、現在も、その課題は依然として存在している。本書では、酸素同位体比年輪年代法を普及させるために、これまでに乗り越えてきた、そして、これからも乗り越えるべき課題の一つひとつを、丁寧に紹介することで、読者の皆さんとともに、その解決の方向を探っていきたい。

世界最先端の状況

酸素同位体比年輪年代法は、日本では 2011 年以来、主に弥生時代以降の過去 3000 年間のさまざまな遺跡や建築物の年代決定に応用され、急速に発展してきたが、実はこれは世界の中では日本だけに見られる突出した状況である。2021 年時点で、この方法が恒常的に利用できるのは、欧米ではイギリスなどの限られた地域の過去 1000 年間程度の木材資料に対してだけであり、アジアでは日本の技術とデータベースを用いて韓国で紀元前後の資料に対する応用が始まったばかりである。その背景には、欧州北部や米国南西部など、もともと年輪幅に基づく年輪年代法の研究が盛んな地域では、第一に、寒冷もしくは乾燥した厳しい気候のゆえに、測定対象とすべき樹木の種類が少なく、気候の年輪幅に対する影響も明確であり、酸素同位体比などを使わなくても、年輪幅だけで十分に精度の高い年代決定ができていたという事情があり、第二に、そのこともあって、酸素同位体比から新しいデータが得られることはわかっていたが、面倒な酸素同位体比の測定技術を改良してデータベースを拡充する、という不断の取り組みが行われてこなかったという事実がある。

その結果、日本はこの分野で、一人勝ちのような状況になってしまった。しかし世界の中でも日本が突出した、言い換えると孤立した状況は、例えば、国

際誌に論文が通りにくくなるなど、さまざまな問題も同時に生み出した。今後、酸素同位体比年輪年代法の最先端の技術を日本と世界の考古学および関連分野の発展に生かしていくためには、発生した問題を乗り越えるための慎重かつ視野の広い取り組みが求められている。それゆえ本書では、そうした最先端の技術の開発・進化のダイナミクスを、できるだけ事実に忠実に跡付けることで、分野外の読者の皆さんからも助言を頂きたいと思っている。

2. 日本の考古学の特徴

土器型式に基づく精緻な年代観

　酸素同位体比年輪年代法が、世界に先駆けて日本において特に急速に普及した理由を考える上で最も重要な背景の一つに、日本の考古学には世界でも最も発達した極めて精緻な土器の型式学的研究に基づく編年体系があるという事実がある（寺沢・森岡編 1989 など）。これに対して欧米の考古学は、人類学などとともに自然科学の一分野に位置づけられることが多く、年代決定でも、放射性炭素年代法などが主に使われている。それゆえ、下記に示すような、日本における複雑な土器編年の存在は、考古学にとって全くの異分野である同位体地球化学という世界から、この分野に最近参入してきた私にとっては素直な驚きであった。

　日本の考古学では遺跡の時代や時期を表現するのに、○○式というような、遺跡から発掘された土器の型式や様式に基づく時代区分を当てることが多い。例えば、弥生時代と古墳時代の境界であれば、「庄内式」期になるし、その次には「布留式」、細かくは「布留 0 式」期になる。さらに土器の型式には地域ごとの特殊性があるので、例えば、AD 1，2 世紀に対応する弥生時代後期であっても、近畿地方では「畿内第Ⅴ様式」のように区分されるのに対して、東海地方では「山中式」「廻間式」という風に地域ごとに全く異なる時期区分、すなわち土器型式の名前が与えられている。そうした土器型式に基づく時期区

分が、日本各地の各時代に対して極めて詳細に設定されている。また、専門論文となれば、その著者や代表的な土器研究者の編年が利用され、「○○（研究者の苗字）編年」と記されたり、さらには「ⅢA期」など、その研究者が用いる論文中での時期区分が採用されていたりする。こうして同じ弥生時代を対象とする論文でも地域によって、あるいは論文によって、時期区分名称が異なって記載されていることが多い。

　これは正直に言って、考古学の外にいる人間にとっては極めてわかりにくく、考古学を他分野や一般の人々から隔絶したものにする障壁の一つになっていると思われる。しかし土器は日本の歴史の中で恒常的に使われてきたものであり、後述する木器などとは異なり、地中に埋まった状態でも腐らずに必ず残るため、遺跡の発掘現場でも普遍的に出土する。それゆえ出土した土器の編年に基づいて遺跡の年代や時期を示すことが、遺跡の性質や形成過程を議論する上では第一に行うべきことであり、土器編年を不断に更新して、それを精緻化する努力が、日本全国における先進的な埋蔵文化財の発掘調査を支えてきた。そして、考古学の調査員・研究者の皆さんは、そのことに精通しているのである。

絶対年代、暦年代との関係の希薄さ

　しかし日本において高度に発達してきた土器編年研究には、客観的に見るといくつかの問題点が指摘できる。第一に、土器編年による時期区分は、他の年代観には依存しない独立した体系であるため、他の方法による時期区分との整合性をとることは、必ずしも簡単ではない。しかも、すべての考古学者がこの土器編年に基づく時期区分を共有しているため、考古学の内部から他の手法による暦年代研究との関係を明らかにしようとする日常的な動機がともすれば生まれにくく、日本の考古学をある意味で孤立した体系にしてしまう危険性がある。第二に、土器編年を絶対年代（現在から○千年前といった数値的な年代のことを絶対年代という）や暦年代（西暦○年といった暦上の年代のことを暦年代という）に読み換えていくことは、技術的に簡単ではない。後述するように土

器付着炭化物の放射性炭素年代法などを用いて、それを実現しようとする努力が21世紀になって系統的に行われてきているものの、考古学者全員の同意が得られるような状況には至っていない。その結果、紀元前千年紀前半にある弥生時代の開始期の年代といった、ある程度の誤差がありそうな年代はともかくとしても、AD3世紀頃とされる弥生時代から古墳時代への転換期の年代といった、10年単位での正確な暦年代の決定が求められる年代についても、まだ数十年から百年程度の幅広い時代の中で、考古学の暦年代観は研究者間の意見の相違がある状態である。もちろん、異なる意見は歓迎されるべきであり、研究が活性化し続けている証拠でもあるが、さまざまな意見の中で客観的事実と主観的見解は明確に区別する必要があり、そのために年代の議論のもととなる良好な資料群の探索が続けられている。

　こうしたことは、もちろん考古学の研究者・調査員には自明のことであるが、日本の考古学の年代体系が土器編年に頼りすぎているために、この状況を抜本的に打開していく取り組みは進んでおらず、一般の人々や他の研究分野の人々にとって、考古学をある意味で遠い存在にしている。

海外の研究や自然科学との連携の難しさ

　暦年代・絶対年代との関係を意識せず、土器の型式編年の中だけで日本の考古学が自己完結してしまうとどのような問題があるのか。大きく分けると二つの問題がある。

　第一に、海外、特に中国の文書に書かれた暦年代の明記された歴史事象と日本の考古学的資料の関係がはっきりしない。有名な例として、『魏志倭人伝』には、3世紀の邪馬台国の卑弥呼の生存期間が年単位で明示されているが、3世紀の日本の土器型式と考えられている庄内式や布留式土器の存続期間が暦年代・絶対年代として定まっていないために、いつまで経っても邪馬台国や卑弥呼の存在時期との関係で各地の遺跡の年代を正確に議論することができない。邪馬台国は謎のままにしておいた方が古代史ファンにとっては都合がよいかもしれないが、歴史研究の発展の先にさらに大きな学問的・社会的成果を得るこ

とを目指すならば、こうした謎めいた状況は、一刻も早く解消した方がよい。

　第二に、自然科学的な気候・環境情報は、通常、絶対年代・暦年代で記述されるので、遺跡から明らかとなる先史時代の人間活動・社会状況と気候・環境の関係を明らかにするためには、考古学的年代観の暦年代化は不可欠である。古気候・古環境データの多くは現在、堆積物や鍾乳石などを使って復元されているが、そうした試料の年代は放射性炭素（^{14}C）やウラン・トリウム系列の元素など、自然界に微量に存在する放射性元素を使って絶対年代（暦年代）の形で計測されているので、遺跡の情報と比較するためには、土器編年を暦年代化していくことが不可欠である。

　このような問題を解決して、海外の文書記録や自然科学的な気候・環境情報と遺跡の記録を照合するためには、土器型式自体の年代を決めるか、遺跡の年代を土器なしで直接暦年代として明らかにするか、またはその両方の取り組みが必要となる。

土器編年と年輪年代の併用の重要性

　土器編年に基づく日本の遺跡の年代観を絶対年代・暦年代化していく上で、遺跡出土材の年輪幅の計測に基づく年輪年代法は、最も具体的で現実的な方法の一つであった。もちろん土器と木器が同じ遺跡から出土したからといって、その木器と土器の製作年代が同じであることは意味しないし、木器の年輪年代とその製作年代の間にも時間差があるかもしれない。しかし、土器と木器の出土状況を具体的に知る立場にある発掘調査員であれば、両者の関係が明瞭な事例に遭遇することもある。そうした貴重な事例の年輪年代データを系統的に積み重ねていくことで、遺跡の暦年代を決めることはもちろん、土器編年に暦年代を付与していくもできるはずである。

　年輪年代法自体は、年輪幅の変動パターンの照合（マッチング）という専門外の人々にもわかりやすい方法で年代を決めるものであるため、統計学的な確率分布の形で示される放射性炭素による年代測定結果などと比べても、考古学の研究者にも受け入れられやすい。そのため1980年代から奈良文化財研究所

の光谷拓実氏らによる粘り強い取り組みのお陰で、日本の遺跡の暦年代観を明確にする重要な発見が数多く成し遂げられてきた。しかし後述するようなさまざまな理由があり、年輪年代法の利用にあたっては、日本各地の考古学者や古建築学者が日常的にその手法を使って発掘・調査した遺跡出土材や古い建造物の木材の年代を、自ら明らかにするというような段階には、未だ達していない。

　遺跡出土材の年輪を年代決定に利用する年輪考古学の研究は、世界各地で長い間行われてきたが、日本の年輪考古学の歴史的歩みの意味を理解するためには、自然科学の一分野として、年輪考古学を包含するより広い分野である年輪年代学が日本において果たしてきた役割を正確に理解しておく必要があると思われる。以下、それについて、少し触れておきたい。

3.　日本の年輪年代学の特徴

弥生時代早期まで及ぶクロノロジー

　光谷拓実氏らの取り組みの結果、日本には現時点で過去約3000年分のスギとヒノキの年輪幅の標準年輪曲線（マスタークロノロジー）ができあがっている。標準年輪曲線というものは年代がわかった木材試料から作るものだが、3000年前の木材試料の年代が最初からわかっていた訳ではない。この点、樹齢が数千年に及ぶ現生木がたくさん生えている地域（例えば、米国西部の山岳地域には、樹齢数千年の Bristlecone pine の樹木が多数現生している）であれば、試料を採取した年の年層から逆向きに年輪を数えていくことで、かなり正確に3000年前の年輪を判定できる。しかし日本、特に本州には、そのような樹木はないので、過去の年輪の年代判定は、年代が確実にわかっている樹齢数百年の現生木から始める必要がある。そして数百年前までさかのぼったその年輪幅の変動パターンの上に、近世や中世の古建築材や、古代の遺跡出土材、先史時代の自然埋没木などの試料から取得した年輪幅のデータを、変動パターン

の相同性という観点から重ね合わせ、つなぎ合わせていく「クロスデーティング」という方法によって、標準年輪曲線を延伸していく根気のいる作業が必要になる（Speer 2010）。そのためには、考古学者や古建築学者、あるいは土木工事関係者などの各方面の人々から試料を提供してもらう不断の取り組みが必要になるので、3000 年分のマスタークロノロジーの構築ともなると、1 年や 2 年で完了するものではなく、10 年や 20 年もかかる大変な作業になる。

　もちろんその前提には、古来、木材資源に恵まれた日本列島において、幾多の木造建築物の建立やさまざまな木器の製作に携わってきた無数の人々の存在があり、さらには近現代に整備された、遺跡出土材や古建築物を大切に保全する世界でも類例のない日本の文化財保護の取り組みがあり、文化財保護に携わるたくさんの人々の努力がある。しかしその中でも過去 3000 年に及ぶ年輪幅に関する標準年輪曲線の構築は、真に称賛に値する、世界でも抜きんでた研究の成果であったと言える。

標準年輪曲線の構築と利用、公開

　奈良文化財研究所では、この作業に光谷拓実氏を筆頭とするわずかな人数が取り組み、短期間でそれを完成させた。その背景には日本の考古学で最も年輪年代の情報を必要としていた弥生時代まで、この年輪幅のマスタークロノロジーを延伸させ、それとの対比によって少しでも早く日本の遺跡出土材の年代を特定し、日本の考古学の発展に寄与したいという責任感・義務感があったものと思われる。しかし、この作業が極めて少人数で行われたためかデータの全貌が国際的な学術誌に論文として公開されることもなく、そのまま年代決定だけに利用されるという状況が今日まで続いてしまった。このことが、このマスタークロノロジーに基づく年輪年代の成果に対する、さまざまな論議を巻き起こす原因の一つになったと思われる。

　このような状況の背景には、実際に酸素同位体比という指標を用いて世界でも類例のない長大なマスタークロノロジーの確立にのちに携わることになった私自身の経験に照らしてみると、次のような事情があったものと拝察できる。

すなわち、「クロノロジーの構築とその文化財の年代決定への応用」に関する莫大な作業を一手に引き受けていた光谷氏らにとっては、データの国際的な学術誌での公開は、日本の考古学とは全く異なる理系の学術的基準での審査を受けねばならないという意味で、そこに十分な時間を割くエネルギーは残っていなかった、というのが実情だったのではないだろうか。マスタークロノロジーの構築と応用は、それほど大変な仕事だったと推察できる。このようなクロノロジーの構築と利用、公開に関わる、ある意味アンバランスな事情の背景には、日本の年輪年代学が置かれている世界の中でも少し特殊な事情がある。それについて、少し紹介しておきたい。

日本の年輪研究の中心は木材解剖学

　日本でも樹木年輪の研究には、奈良文化財研究所以外にも多くの研究者が携わっており、樹木年輪研究会という学会には、毎年の総会に数十名の研究者が参加している。中国で同種の組織の総会に毎回 400 名近い研究者が参加するのと比較すれば、規模の小ささは否めないが、その研究内容も海外と日本とはかなり異なっている。中国を含む世界の樹木年輪研究では、年輪を使った気候変動の復元を行う年輪気候学が主流である。年輪気候学の研究では、できるだけ遠い過去までさかのぼって、数百年あるいは数千年にわたり年輪の幅や同位体比などを取得する粘り強い研究が、多数の研究者や学生の共同作業として多くの大学や研究所で行われており、そのデータはすぐに国際的な学術誌に公開されるので、速やかに年輪考古学の研究にも活用できるものとなる。

　一方で日本の年輪研究の中心的な課題は、木材の細胞組織の研究、すなわち木材解剖学である。このことは日本の樹木年輪研究会が、木材学会傘下の木材の「組織・材質研究会」と合同で開催されてきたという事情にも表れている。木材組織の研究は木材学にとって非常に重要であり、人々の生活を支える木材生産物の品質の向上といった目的とともに、最近は、地球温暖化などの環境変化の中で樹木や森林がどのように変貌していくかといったテーマを考える上でも鍵となるが、そこでは過去数百年、数千年にわたって、年輪の幅や同位体比

のデータを連続的に収集していくような根気の要る作業は求められない。もちろん日本でも、樹齢200〜300年の現生木の年輪幅や年輪密度を用いて古気候復元を行う研究は行われてきており、重要な成果も生まれているが、諸外国に比べて圧倒的に数が少なく、研究者の数も少ない状況にある。

　そうした状況の中で、奈良文化財研究所の取り組みは、明らかに突出していた。過去3000年に及ぶ年輪幅のマスタークロノロジーは、東アジアの考古学が主な対象としてきた中国や韓国、日本などの人口密集地域で得られた成果としては、現時点に至っても唯一無二のものである。このように日本のみならず東アジアにおいても突出していた長大な研究の成果でありながら、それを自然科学の研究成果として国際誌に発信していくことは、もともと日本考古学への貢献を念頭に研究を始めた少人数の研究グループにとっては、大変骨の折れる作業であり、出土材や建築古材の年輪年代の決定だけを無条件に歓迎してくれる日本の文化財関係者への成果発信以外に、海外の理系の学会への成果発信に時間を割くことは難しい状況にあったと推察できる。つまり日本における年輪考古学の発展は、国内外の年輪年代学の状況を度外視して、研究者の個人的努力によって進められたものであり、語弊を恐れずに言うならば、明らかにバランスを欠いた力技であった。実は本書が対象とする酸素同位体比年輪年代法も、全く同じ問題を抱えている。それゆえ、奈良文化財研究所の年輪研究が抱えていた問題は、他山の石とせねばならないと考えている。

絡み合った問題を解く必要性

　出土材の年代決定の際の物差しとなる年輪幅のマスタークロノロジーの全貌が学術誌に公開されないまま、年代決定にのみ利用され続けたことは、日本の年輪考古学に対するさまざまな評価を生む原因にもなった。その中では、批評者の個人的思惑から全くの憶測に基づき、多数の年輪年代データの中から自らの学説に都合がよいデータだけを取捨選択するような態度も助長してしまった。この背景には、過去数千年間を対象にしたマスタークロノロジーの構築のための試料の収集、データの取得と解析、データの公開のための論文執筆等々

のすべての過程に、十分な数の研究者、研究機関を確保できない状況のもとで、学生を含めた後継人材の育成もままならず、最大の貢献先である考古学の関係者からも困難な状況が理解されず、年輪年代決定のニーズだけが継続的に与えられて、多忙な状況が収まらないという、悪循環があったとも思われる。

　これが、本章の最初に述べた広い意味での「文理の壁」が、日本の年輪年代法にもたらした具体的な症状の一つである。この点では、次章以降に示すように、年輪幅に基づく年輪年代決定がヒノキやスギなど特定の樹種の年輪数が100年を越えるような大型材に対してしか適用できなかったことや、ヒノキやスギの年輪幅のデータが後述するように気候変動との間で必ずしも明確な関係性を示していなかったことが、問題の解決をさらに難しくした可能性も考えられる。大型材の場合、製材過程で樹皮や辺材が消失していて伐採年代が決定できないことが多く、貴重な大型材ゆえに転用の可能性もあることから、得られた年輪年代が、その出土材の考古学的年代観との間で矛盾をきたす可能性があった。また、年輪幅のマスタークロノロジーを気候変動のデータとして読み換えた際には、歴史学的・考古学的な気候観と一致しないことも多かったと思われる。それらのことが、マスタークロノロジーの公開に対するハードルをさらに高くしてしまった可能性もあるのではないだろうか。

　こうした日本の年輪考古学を取り巻く状況は、日本の考古学における年輪年代法の重要性を鑑みると、大変残念なことである。このままでは、光谷拓実氏らが成し遂げた世界でも最も先進的な年輪年代学の成果である約3000年に及ぶ長大な年輪幅のマスタークロノロジーを学問分野全体として継承できないだけでなく、本書で述べる酸素同位体比年輪年代法の日本における拡充・普及にも、悪い影響を与えかねない。

　絡み合った問題の糸を解きほぐすことが必要であり、本書ではそのことを意識して、以下、酸素同位体比年輪年代法の導入と開発の経緯、今後の発展の方向性について、述べていきたい。

4. 異分野からの年輪年代学への参入

同位体地球化学からの新技術の導入

　以上のように日本では、奈良文化財研究所の光谷拓実氏らの手で、世界でもあまり類例のない過去3000年間に及ぶ年輪幅のマスタークロノロジーが作られていたが、年輪セルロース酸素同位体比の測定という新しい技術は、実は、それとは全く関係のないところからこの世界に参入してきた。北海道大学の低温科学研究所において、西暦2000年のことである。

　当時の私は、同研究所の海洋環境分野というところで、もっぱらオホーツク海の海底堆積物の窒素安定同位体比を用いた過去の海洋環境の復元と、それに関連したオホーツク海の物質循環に関するロシアや米国との国際的な共同研究に取り組んでいた。私は1996年に名古屋大学大気水圏科学研究所から北海道大学低温科学研究所の河村公隆氏の研究室に異動した際に、安定同位体比の分析に必要となる質量分析計の購入を低温科学研究所から約束されていた。しかし予算不足のため毎年のように質量分析計の購入は延期され、ようやく予算が付いたのが2000年であった。2000年当時に新発売になったばかりの装置が、年輪などの有機物の酸素同位体比を迅速かつ正確に測定できる熱分解元素分析計と同位体比質量分析計のオンライン装置（TCEA/Delta-Plus XL）であり、「せっかくならば最新の装置を購入しよう」ということで、この装置を日本で初めて購入した。購入後、「何に使えるか」をしばらく思案したのち、「樹木年輪の酸素同位体比ならば、装置の能力を最大限に生かせる」と納得して、年輪の酸素同位体比の測定を始めた。つまり考古学の研究などとは全く関係のない、「最初に分析装置ありき」の研究のスタートだったのである。

　幸い低温科学研究所には、当時、北海道やロシア・カムチャッカ半島の森林から得られたさまざまな樹木年輪試料を保管していた原登志彦氏の森林生態学の研究室があり、私自身は観測やサンプリングに行かないうちに、膨大な数の

年輪試料の分析に取り掛かることができた。その中で、年輪セルロースの酸素同位体比が個体間で高い変動の相関性を持つことや、夏の降水量などの気候変動の鋭敏な指標になることを発見した（Nakatsuka et al. 2004）。その後しばらくの間はオホーツク海の研究と併行して、北海道を拠点にして年輪の酸素や水素の同位体比の研究を続けていたが、そのうち北海道よりも名古屋や京都など本州南部の方が、年輪酸素同位体比と気候データの相関がよいことに気づいた。しかも本州では遺跡出土材の分析の機会が多く、すでに奈良文化財研究所では先進的な年輪年代学の研究が進んでいることを知り、2008 年に北海道大学から古巣の名古屋大学に戻った。またその頃には、私が年輪の酸素同位体比の研究をしていることを知った国立歴史民俗博物館の放射性炭素年代法の研究者であった尾嵩大真氏（現・東京大学総合研究博物館）を介して、光谷拓実氏が年代を決めた弥生時代後期から古墳時代の木曽ヒノキの試料の提供を受け、先史時代の気候変動と年代決定の仕事に足を踏み入れていた。そうした状況の中で 2011 年に遂に念願がかなって、樹木年輪の酸素同位体比の測定ができる装置を、科学研究費補助金（科研費）を使って名古屋大学にも設置することができ、本格的に出土材の年輪酸素同位体比の研究に参入できた訳である。

　つまり、日本において世界に先駆けて年輪セルロースの酸素同位体比を用いた年輪考古学の研究が始まったのは、北海道大学低温科学研究所での安定同位体比の分析装置の購入が 2000 年まで毎年のように延期されたこと、2000 年に有機物の酸素同位体比の測定が可能な分析装置が新発売されたこと、当時の低温科学研究所には年輪の同位体比を用いた古気候復元の研究を可能とする複数の研究者が居たこと、の三つの要素が重なった偶然の結果である。しかしその偶然の僥倖を受け止めて、日本が世界に誇る奈良文化財研究所を中心とした年輪年代法の研究蓄積の上に、その新しい技術を応用できたのは、偶然ではなく多くの関係者の意識的な協力があったからである。

新しい技術がもたらしたもの

北海道大学の低温科学研究所に 2000 年に日本で初めて導入された分析装置

は、第4章で詳述するように、年輪の酸素同位体比の研究にとっては不可欠な装置であり、その導入によって、まさに日本における酸素同位体比年輪年代法はスタートした。当時私が居た研究室は海洋環境分野という名前であったが、そこでは有機地球化学という学問分野を担っていて最先端の分析技術の革新を進めていた。それゆえ年輪セルロースの酸素同位体比の研究においても、その迅速かつ正確な測定を可能にするために、後述するようにさまざまな大小のイノベーションを行った。それらはおそらく、年輪幅に基づく従来の年輪年代法だけに取り組んでいた欧米や中国の通常の年輪年代学の研究室では到底行えない、さまざまなアイデアに満ちていたと思われる。実際、年輪幅の計測を基本とする世界の年輪年代学の研究室は、データを解析するための数理統計学に長けていて、その研究と教育が盛んに行われてきた半面、分析化学の研究開発は、今に至るまで苦手としている可能性が高い。

　年輪酸素同位体比の研究の根幹をなす分析装置（TCEA/Delta-V）と、それに関連する新しい大小の分析化学的なイノベーションの融合により、2011年には名古屋大学において、遺跡出土材の年輪年代決定と先史・古代の気候変動復元のための研究の基盤が整った。そのすべてを遅滞なく準備できたのは、科研費という日本の先端的な科学研究の推進に不可欠な予算システムの存在とともに、愛知県埋蔵文化財センターの赤塚次郎氏や樋上昇氏をはじめとする、遺跡調査関係者の全面的な協力があったお陰であり、その背景には、酸素同位体比年輪年代法に対する考古学からの本質的なニーズがあった。ありがたいことに科研費はその後も継続的に使わせていただいており、併行して2014年からは、京都にある大学共同利用研究機関である総合地球環境学研究所において、個別連携研究プロジェクト「高分解能古気候学と歴史・考古学の連携による気候変動に強い社会システムの探索」（2014〜18年度）が始まり、若手の研究スタッフとともに、年輪酸素同位体比を基軸とした歴史学・考古学との共同研究をスタートさせることができた。その中で、過去数千年間に及ぶ無数の木材試料の探索と収集、そこからの年輪セルロースの抽出と酸素同位体比の分析、データ解析と統合、その歴史学的・考古学的応用に関する研究が進められた。本

書で紹介するデータのほとんどは、そうした一連の研究の中で積み上げられてきたものである。

　こうした偶然と必然のさまざまな要因の結合の結果、日本における酸素同位体比年輪年代法の研究は、世界においてまさに突出した状況になった。それにより、良い意味でも悪い意味でも、奈良文化財研究所の光谷拓実氏が悩まされたであろう問題と同じ状況に陥ることになり、現在もその問題と向き合っている。すなわち最先端の研究を走り続けること、その成果を基礎的なデータとともに学術的に世界に発信すること、そして国内の考古学をはじめとする関連分野への貢献を継続すること、さらに後継者の育成や技術・知見の継承を行っていくこと、そのすべてを少人数の研究者がバランスよく実行していくことの大変さである。

　本書では酸素同位体比年輪年代法の開発と普及に際して実際に起きた事項を時系列的に説明することで、酸素同位体比の技術だけでなく、その科学史的な評価についても、考えを述べていきたい。その中で最も大事なことはそうした問題の理解を通じて、読者の皆さんとともに酸素同位体比年輪年代法、あるいはもっと一般的に、今後の科学技術の発展のあるべき姿について、さまざまな認識の共有を図ることである。酸素同位体比年輪年代法自体は、日本では数名の研究者が担っているだけの極々マイナーな研究分野に過ぎない。しかし未だ萌芽期の段階にあると思われる本手法の開発と発展の状況を理解することで、今後生まれ得るさまざまな新しい科学技術の発展にも適用可能な何らかの共通の教訓を引き出せるかもしれないと考えている。逆に言えば、未だ萌芽期の段階を抜け出していない、この酸素同位体比年輪年代法に対して、多くの異分野の研究者の皆さんから、さまざまなコメント（叱咤とアドバイス）を頂くことも期待している。つまり酸素同位体比年輪年代法という一分野の状況を題材にして、異分野間での広い視野での交流を行うことが、本書を通じた私の最大の願いである。

第2章　考古学における年代決定と酸素同位体比

　過去を振り返ってものを考える際に、私たちは必ず過去に起きた事物の年代を述べる。しかし「年代」とは何だろうか。一般には歴史上の年代というと、紀元前〇〇年とか紀元〇年とかの西暦をイメージする人が多い。歴史学に親しみのある人であれば、鎌倉時代、弥生時代などの時代名や、天明、元禄などの元号を使うであろう。また地質学者であれば、長い地球史の中で現代を、新生代/第四紀/完新世といった階層的表現で表す。この点、考古学者であれば、遺跡の年代を表すのに、「〇〇式」などの地域独自の土器型式の名前を使う。こうしたさまざまな年代表現が入り混じって使われているのが、先史時代であり、酸素同位体比年輪年代法は、そこに参入していくことになる。

1.　相対年代

相対年代の仕組み

　考古学や地質学など、地面の下の地層から発掘される「モノ」を対象とする学問分野における年代観は、ある共通の法則をもとに発展してきた。その法則とは「地層累重の法則」であり、断層や大きな褶曲などの地層構造の変化がない限り、下位の地層の年代は上位の地層の年代よりも古い、という単純明快な原理である。そして地層の中から、その地層の時代・年代を代表すると思われる遺物（考古学であれば特定の型式の土器など、地質学であれば特定の形状の生物の化石など）が出てくれば、それをその地層の年代を表すための指標と

し、その特定の遺物が頻繁に出てくる地域の名前などを使って、その時代の固有名詞を定義してきた。最近話題の第四紀の下位の地層を表すチバニアンなどは、その典型的な応用例であり、その時代の最も典型的な地層が見つかった場所（地層の模式地）が、日本の千葉にあることを表している。考古学で遺跡の年代を示すのに使われるのは、層位学的な検討を経て、形状や製作技術などの差異が認定された土器の型式名などであり、多くの場合、その土器が出土した遺跡の名前や地名が「○○式」として表されている。

　考古学において年代の判定に使われる「モノ」は、土器に限らない。古墳時代であれば、古墳の副葬品、例えば青銅鏡や武器・武具の型式、墳丘に樹立された埴輪などから、古墳の築造時期が議論される。この場合、地層累重の法則は使えないが、鏡や武具の型式は、時代とともに徐々に変化するものなので、型式学的な検討が採られる。この結果、型式学的に先後関係が明確であり、さらにどこかの遺跡で、前後関係が明確な地層からこの関係が何度も確かめられれば、それが土器であれ何であれ、そこで得られた知見は、そうした遺物を用いた年代の前後関係の判定に使える。

　こうした地層累重の法則と型式学を用いて積み上げられる、遺物の型式の前後関係に関する知見は、遺跡の発掘現場での地層や古墳の年代の判定に、極めて有効に使われてきた。その場合、あくまでも年代は、どちらが古くてどちらが新しいかを示す相対的なものなので、「相対年代」と呼ばれている。

相対年代の可能性

　土器型式を代表とする考古学の相対年代の体系には、とても大きな可能性がある。弥生時代から古墳時代にかけて、土師器や須恵器などの膨大な土器が製作されて、無数の遺構の中に埋積していったが、その中の多数の地層から発掘される多様な土器は、地層累重の法則に従って、その上下関係を時代の新旧関係に置き換えることができるので、その年代の相対的な順番だけは極めて正確に決定できる。発掘調査が進むたびに、製作技術や施文など細かい土器の変化に着目して、土器の型式分類はどんどん精緻になってきた。「相対年代」は不

断かつ累積的に進歩するのである。

　土器のあらゆる部位の細かい形状や製作技術の特徴は、製作者の世代交代とともに徐々に変貌を遂げていったため、現在では考古学者が認定できる一つひとつの土器型式の存続年代は、おおよそ 20 年程度、おそらく人間の一世代程度の長さになると想定されている。もちろん、その存続期間に絶対的な基準はなく、また前後の土器型式が重なり合って存在している時代もあるかもしれないが、そうしたことは暗黙の了解としてわかった上で、最も便利かつ正確な時代区分の方法として土器型式は利用されている。

　土器の型式は土器の製作者の個人もしくは集団に付随したものと考えられるので、当然、それには地域的な差異がある。つまり同じ年代の土器であっても、例えば九州と近畿、関東では地域色がある。このことは逆に言うと、遺跡から出土する土器の型式の時空間分布を見れば、遠隔地間での土器の流通や土器製作者自身の移動が、いつどのように起きたかを判定できることになる。文書による人々の移動の記録を得ることが全くできない先史時代にあっては、土器の型式や様式の時空間分布、すなわちその地域間交流の情報は、人間活動のダイナミクスを把握する上で、極めて貴重な一次情報になる訳である。

相対年代の問題点

　日本の土器編年による相対年代の体系は、それ自体、自己完結的な体系であるため、そのままでは、海外の文書に書かれた事物の暦年代や、国内の自然科学的方法で得られた古気候・古環境情報などとの対比ができないという問題があることは、第 1 章でも触れた。ここではさらに、土器をはじめとする遺跡発掘物の数に関する定量的な情報を、人間活動の定量的な評価につなげていく上での問題点について、少し議論したい。

　以下、問題の本質を概念的に示すために、図 2 のように、架空の事例を使って説明することをお許しいただきたい。今、ある地域のある時代の相対年代が、そこから得られる土器の型式の変化に従って、順番に I から V の五つの型式に分類され、それぞれ I 期から V 期と位置づけられていたとしよう。長年の

ある地域のある時代に対して、考古学的に順番に5つの土器型式が認定されていたとします。

研究が進むにつれて、型式Ⅲの土器が非常に多く、Ⅱの土器が少ないことが分かったとします。

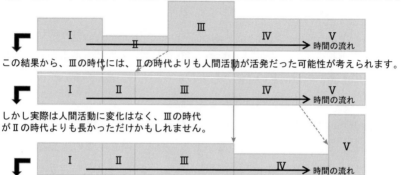

この結果から、Ⅲの時代には、Ⅱの時代よりも人間活動が活発だった可能性が考えられます。

しかし実際は人間活動に変化はなく、Ⅲの時代
がⅡの時代よりも長かっただけかもしれません。

逆に、人間活動に変化がないと思っていた時代に、大きな変化があった可能性も有ります。

図2　土器の相対編年をつかって「定量的議論」をする上での問題点

研究の積み重ねの中で、Ⅱ期の土器の検出件数が少なく、Ⅲ期の検出件数が多いことがわかったとする。このようなとき、考古学の発掘関係者の多くは漠然と「Ⅲ期の方が、Ⅱ期よりも人口が多かったのかもしれない」と感じる可能性がある。各型式期の存続期間がほぼ同じであるとすれば、こうした感想には妥当性がある。しかしその後、Ⅱ期の存続期間がⅢ期の存続期間よりも短いことがわかったとすると、両時期の人口は基本的に変わらなかったという結論になるかもしれない。そうこうするうちに土器型式の暦年代化が進み、Ⅳ期がⅤ期よりも長いことがわかったとすると、型式ⅣとⅤの土器の出土数が同程度で平均的なものであったとしても「全体の中で人口が最も少なかったのがⅣ期であり、Ⅴ期になって人口が急増した」という結論になるかもしれない。つまり、土器の各型式の相対的な順番とそれぞれの型式の土器の数量の変化が詳細にわかったとしても、それだけでは、人間活動の定量的な変遷を明らかにすることは、全く不可能であることがわかる。

　その点、図 2 に示したように、土器型式の存続期間が、絶対年代、暦年代の形で徐々に明らかになってくれば、こうした問題は解決する可能性がある。しかしこの場合でも、その土器型式の存続期間よりも、さらに細かい時間解像度では、人間活動の定量的評価はできない。つまり理想的には、土器などの出土遺物の一つひとつについて、暦年代を正確に決定することができれば、完全な意味で、遺物の出土数の経年変化から人口などを含めた人間活動の量的変化を推定することが可能になる。この点、土器については付着炭化物の放射性炭素年代測定によって、一つひとつの土器の年代測定が進められてきており、実際、その放射性炭素年代の計測結果のヒストグラムから過去の人間活動の量的変遷を定量化する考古学的研究が、縄文時代の日本を含む世界各地で進められている。しかし弥生時代や古墳時代などでは、放射性炭素年代の測定誤差の方が、精緻な土器編年で想定されている各年代幅よりも大きいので、この方法は弥生時代以降の日本の考古学の研究には実質的に適用できない。その点、本書で対象とする木器の年輪年代であれば 1 年単位の精度が保証できるので、その分布のヒストグラムから、過去の人口などの人間活動の変遷を明らかにできる可能性がある。そこで、以下、そうした「絶対年代」を巡る年代決定の仕組みと課題について説明していく。

2.　絶対年代

多様な絶対年代の存在

　前節では層位学や型式学的検討を踏まえた土器編年に基づいた「相対年代」が、地層累重の法則という強固な基盤の上で、考古学の年代決定の最も信頼できる体系として、日本各地の発掘現場で成果を上げてきたことを示したが、一方で、相対年代だけでは、海外の史料や自然科学的データとの対比や定量的な人間活動の評価などにおいて、さまざまな問題や限界があることも述べた。そこで、遺跡や遺物の年代を、地層の上下の関係に基づく年代の前後の関係性だ

けでなく、西暦何年といった形の暦年代、あるいは今から何年前といった絶対年代で表すための方法について、ここでは触れたい。実際には、絶対年代・暦年代の決定方法にはさまざまなものがあり、考古学でも、いくつかのものが併用されている。

例えば簡単に想像できるものとしては、暦上の日付が文字情報として直接書き込まれた遺物が、その製作や使用年代を暦年代に変換できる最も信頼できるものになる。実際、弥生時代や古墳時代でも、中国からの渡来の鏡などの物品には、文字が書かれていることがあり、そこには中国の年号が書かれていることもある。また、たとえ遺物そのものに年号が書かれていなくても、特定の時代に中国で鋳造された貨幣のように、その遺物が製作された年が文献から正確に跡付けられるものであれば、やはりその遺物の暦年代は判定できる。ただこれについては、当然のことながら、その物品が中国から日本に運ばれてくるまでの間の時間差を考慮する必要がある。グローバルな物流が発達した現代であれば、その時間差はほとんど考慮する必要はないが、先史時代では、少なくとも数年以上の時間差を計算に入れる必要はあるであろう。

これに加えて、考古学の世界で最も汎用性の高い絶対年代・暦年代の判定法は、放射性炭素などの環境中の微量放射性元素の規則的な放射壊変を利用した年代決定法と、本書の根幹をなす年輪年代法の二つである。以下、まず放射性炭素年代法について簡潔に説明したい（坂本・中尾編 2015）。

放射性炭素年代法の原理

放射性炭素（^{14}C）年代法は、自然界に含まれる放射性元素の一つである質量数 14 の炭素が、約 5700 年の半減期で規則正しく質量数 14 の窒素（^{14}N）に崩壊して減少していくことを利用した年代測定法である。自然界には木材や骨、貝殻などの生物体に由来する炭素を含むものが、たくさん存在していて、それらは遺跡からの出土遺物の中にも多数含まれている。炭素 14 は大気圏上層で太陽系外から飛んでくる銀河宇宙線が大気の主成分である窒素分子に衝突してできる宇宙線生成核種であり、大気中では二酸化炭素の中で、その炭素の

大部分を占める安定同位体である質量数 12 の炭素 12 に対して、ほぼ一定の比率（$^{14}C/^{12}C$ 比）を保っている。生物が生きているうちは、大気中の二酸化炭素と生物体との間で呼吸や光合成などを介して頻繁に炭素の交換が行われるため、生物体内の $^{14}C/^{12}C$ 比は大気中の二酸化炭素の $^{14}C/^{12}C$ 比と等しくなるが、生物の死後は大気中の二酸化炭素と生物体の間での炭素の交換が止まるため、定数である約 5700 年の半減期に従って一方的に $^{14}C/^{12}C$ 比は減少していく。半減期の 10 倍の約 5 万年を越えると $^{14}C/^{12}C$ 比はほとんどゼロになってしまうので、正確に測定できなくなるが、それ以内であれば、生物体が死んでからの経過年数を精度よく絶対年代の形で計算できる。

　しかし実際には、大気中の二酸化炭素の $^{14}C/^{12}C$ 比は、歴史的に完全に一定ではないこともわかっている。宇宙からやってくる宇宙線の量は時代とともに微妙に変化し、一般に太陽活動が活発な時期ほど、強化された太陽風が銀河宇宙線の地球への到達を阻害するため、宇宙線の量は減少し大気圏上層での ^{14}C の生成率も減少して、大気中の二酸化炭素の $^{14}C/^{12}C$ 比は低くなる。また大気と海洋の間では活発に二酸化炭素の交換が行われているが、海の中では新たな ^{14}C は生成されないので海水中の二酸化炭素の $^{14}C/^{12}C$ 比は大気よりも低く、大気海洋間での二酸化炭素の交換が活発になればなるほど、大気中の二酸化炭素の $^{14}C/^{12}C$ 比は低くなる。

　このような大気中における二酸化炭素の $^{14}C/^{12}C$ 比の歴史的変動の影響を補正するため、あらかじめ年代のわかった樹木の年輪などに含まれる炭素の $^{14}C/^{12}C$ 比を測定することで、大気中の二酸化炭素の $^{14}C/^{12}C$ 比の変動が明らかにされている。さらに、その変動を前提にして、「半減期だけをもとに計算された ^{14}C 年代」に対する「実際にその生物由来の炭素物質が作られた暦年代」の関係をグラフにした「較正曲線」というものが作られていて、それが実際の放射性炭素年代決定の際には利用されている。

　また一般に、海洋中の二酸化炭素の $^{14}C/^{12}C$ 比は大気中のそれよりも低いため、海の中で生きていた貝の殻などはもちろんのこと、海産物を食べていた人間の骨の中のコラーゲンの $^{14}C/^{12}C$ 比も、同じ時代の陸上植物などよりも低く

なり、年代が古めに出ること（海洋リザーバー効果）がわかっていて、その補正が必要になる。それゆえ、「海洋の生物に特化した較正曲線」や、陸地の面積が狭く大気中の二酸化炭素の $^{14}C/^{12}C$ 比が海の影響を受けやすい「南半球に特化した較正曲線」なども作られている。

較正曲線と ^{14}C ウィグルマッチング法

　この較正曲線は文字通り曲線になるため、時代によっては同じ ^{14}C 年代に対して、複数の暦年代が計算されてしまうことがあり、$^{14}C/^{12}C$ 比の測定誤差も勘案すると放射性炭素による年代測定の結果は、具体的に紀元前〇〇年といった単一の年代で示されることはなく、ある程度の年代範囲の中である程度の確率を持って分布する確率密度関数の形で表されることになる。例えば、紀元前千年紀のある時代は較正曲線がほぼ平らになり、同じ ^{14}C 年代に対して非常に長い時代の暦年代が対応することになるため、年代決定の精度が著しく下がることが知られていて、2400年問題などと呼ばれている。それとは反対に、較正曲線の傾きが大きな時代は、とても精度よく年代が決められることになる（図3）。

　放射性炭素年代法によって精密な年代を決めていく上で、もう一つ大きな問題は、この較正曲線が、北半球と南半球といった大きな空間的違いの影響を受けるだけでなく、同じ北半球でも地域によって、例えば日本と欧州といった場所の違いの影響を受けて、変化する（上下にずれる）可能性があるということである。具体的には、北半球で使われる標準的な較正曲線を日本の試料の放射性炭素年代にあてはめると、時代によっては実際の年代に比べて、暦年代が数十年から最大100年ほど古く出ることがわかってきた。日本は広大な北太平洋に面していて、しかも北太平洋は海洋の深層大循環の終着点に位置するため、北太平洋の海面から大気に放出される二酸化炭素の $^{14}C/^{12}C$ 比はかなり低くなっていて、それが日本の放射性炭素年代に影響している可能性があり、その補正について、さまざまな検討がなされてきている。

　一方で較正曲線が複雑な曲線になることを、より積極的に精度の高い年代決

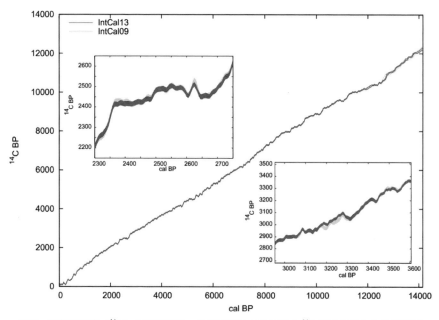

図 3　放射性炭素（¹⁴C）の較正曲線。年代既知の木材年輪の ¹⁴C 測定結果から半減期だ
　　　けを元に計算された ¹⁴C 年代（¹⁴C BP）と暦年代（cal BP）の関係（BP は 1950
　　　年から何年前かを示す）。BP 2350〜2700 では、暦年代に依らず、¹⁴C 年代がほぼ
　　　一定になることがわかる（左上挿入図）。(Reimer et al. 2013)

定に利用しようとする取り組みもある。それは次に示す年輪年代法の応用の一
つであり、木材試料の年輪に含まれる ¹⁴C/¹²C 比を多数の年輪に対して同時に
測定し、その変動パターンを較正曲線と比べることで誤差数年の精度で年代を
決める「放射性炭素ウィグルマッチング法」である。この方法には測定にコス
トがかかるという問題はあるが、現在は 5 年程度の解像度しかない較正曲線
が、今後 1 年単位まで高精度化すれば、地球上のあらゆる木材の年代が、無条
件に年単位で決められる決定的な年輪年代法になる可能性がある。

3. 年輪年代法

年輪年代法の原理

　放射性炭素年代法は、遺跡から出土する炭素を含む遺物であれば、貝殻であれ、人骨であれ、木製品であれ、土器に付着している煤であれ、何に対しても適用できる普遍性の高い年代決定法であるが、測定にコストがかかる（通常、1試料の測定に数万円の費用がかかる）ことと測定結果に誤差が含まれていることが、デメリットであると言える。それに対して、測定対象は木材に限られるが低コストで誤差なく年代を決定できる方法が年輪年代法である。年輪年代法とは、同じ地域に生えている同じ種類の樹木であれば、その年輪幅、すなわち一年間の成長量の変動が、その成長を左右する気温や降水量などの共通の環境因子の変動に応じて、同調して変化するというメカニズムを利用したものである。その年代決定に際しては、先述の放射性炭素ウィグルマッチング法と同じように、年輪幅の変動パターンを「年代が既知の標準年輪曲線（放射性炭素年代測定における較正曲線に対応する）」と「年代が未知の木材試料」の間で比較して一致する年代を探索することになるが、標準年輪曲線とは、実際には曲線というよりも、折れ線グラフのように年単位で激しく変動するものなので、まさに年輪の解像度に対応して、1年単位で年代を決定することができる（図4）。

　年輪年代法で年代が決められる前提には、樹木個体間での成長量の同調性があるが、実際には個体ごとの個別の事情、例えば隣接個体との日当たりを巡る競合関係や、土壌水分量に関する局所的な環境の変化、あるいは台風の影響で運悪く枝の大部分が落下するなど、さまざまな理由で、成長中のある時期に微妙に成長パターンに個性が出てくることもある。そのような時期には、当然、その個体と他の個体の成長量、すなわち年輪幅の変動パターンの一致度（相関）が低くなる。しかし、そうした運の悪い時期だけでなく、より長い期間に

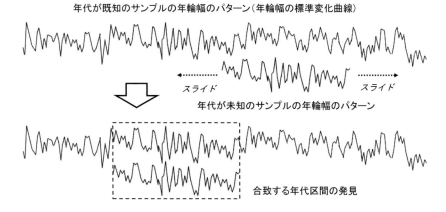

年代が既知のサンプルの年輪幅のパターン（年輪幅の標準変化曲線）

スライド　　　　　　　　　　スライド

年代が未知のサンプルの年輪幅のパターン

合致する年代区間の発見

図4　年輪年代法の概念図

わたって年輪幅のデータが得られれば、年輪幅の変動パターンの相関は、改善される。一方で年輪数が10年程度しかない木材試料の場合、その変動パターンと一致する変動パターンは、年輪幅の数百年〜数千年に及ぶ標準年輪曲線の中に何箇所も発見されてしまうことも珍しくない。実際には正解の年代は一箇所しかないので、パターンが見かけ上一致する大部分の年代は、偶然の一致ということになる。そうした偶然の一致が起こる危険性は、年輪数が少なければ少ないほど高くなるので、他の候補年代と比べて飛びぬけて相関の高い年代、すなわち正解の年代がただ一箇所だけ見つかることは、年輪数の少ない試料では期待できない。

　つまり年輪年代法とは、年輪数が多くなればなるほど、信頼度が上がる方法なのである。年代決定のために必要な年輪数は、地域ごと樹種ごとに異なると考えられるが、日本の考古学で長年成果を上げてきたヒノキやスギの年輪幅の場合、年輪数が100年以上あるような場合には、年代決定に至る可能性が高いとされている。

年輪年代法の有効性

　年輪年代法の最大の利点は、原理的に年単位での年代決定が可能であるという点にあるが、上述のように運悪く標準年輪曲線との間で、パターンが一致する年代が見つけられない場合もある。その理由としては、その時代の個体の成長環境に何か特別なことが起きていたこと、あるいは、その時代の気候環境が非常に安定していて元来年輪幅の変動が小さく変動パターンの照合が難しいことなどが考えられる。また単に木材試料の年輪を数え間違っていたというような初歩的な問題が背景にある場合もある。実際、ヒノキなどには、偽年輪（年輪によく似ているが年輪ではない季節的な縞模様）や欠損年輪（文字通り年輪が形成されなかった年）があること（第5章図30参照）も多く、年輪を数える段階で失敗して、年代決定に至らないということも多い。もちろん試料に含まれる年輪の数が少なければ、偶然の一致の危険性が増し、統計学的に有意に他よりも飛びぬけて相関が高い年代を見つけることはできないので、やはり年代決定には至らない。

　このように標準年輪曲線と木材試料の間で年輪幅の変動パターンの相関が有意に高い区間が見つからず、年代決定に至らないケースがあることは、必ず何らかの年代を与えてくれる放射性炭素年代法などと比較した場合、年輪年代法の欠点であるとも言えるが、「間違った年代や誤差の大きな年代を与えてしまう恐れがない」という意味では、利点の一つであるとも言えよう。実際、間違った年代が考古学の発掘現場に提供されてしまった際の悪影響を考えると、うまく行かないときは答えが得られないという、年輪年代法のある意味での潔さは、考古学への応用に際して、信頼性を担保する上での重要な要件であるとも思われる。

　年単位で年代が決められるという年輪年代法の利点を、遺跡から出土した木器に片っ端から適用して木器の年代を決め続けることができると、先史時代の遺跡からどのような情報を得ることができるであろうか。ここで、乾燥地域で木材が残りやすく、年輪幅に基づく年輪年代法で効率的な年代決定が行われてきた、米国南西部の先住民の遺跡の研究例を見てみる。測定された木器の年輪

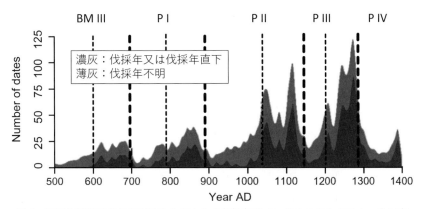

図5　米国南西部の先住民遺跡から出土した年輪年代データのヒストグラム。米国南
西部（ユタ、コロラド、アリゾナ、ニューメキシコ州）のアメリカ先住民の遺
跡から得られた、木材遺物数の変遷（年輪年代ごとの遺物の頻度で表示）。樹
皮付で伐採（cutting）年がわかる木材と、樹皮がなく伐採年が不明の試料があ
る。（Bocinsky et al. 2016）

年代のデータをすべて集成し、年あたりのデータ数の時間変動を年代別ヒスト
グラムにした事例（図5）からは、6世紀から14世紀の間、この地域の先住民
の活動が5回にわたって盛衰を繰り返してきたこと、それが年輪幅の変動自体
が表す当地の乾湿環境の変化と整合していること、などがわかってきた。つま
り木器の年代データ自体が、人口などとも対応する定量的な人間活動の記録に
なっていると考えられるのである。こうした年代別木器のヒストグラムは、土
器付着炭化物の放射性炭素年代を対象にした年代別土器のヒストグラムでも、
同じように表現できるはずであり、実際に放射性炭素年代を用いた研究は日本
でも縄文時代を対象にすでに行われている。しかし弥生時代や古墳時代に同じ
方法を適用するのであれば、図5に示したように木器の年輪年代でグラフを描
く方が、時間解像度の面でより有効であることがわかる。

年輪年代法の限界と課題——樹種と年輪数

　年輪年代法には、年単位で年代を決定できることから、さまざまな可能性が
あるが、いくつかの限界もある。

　第一の問題は、年輪幅の変動パターンの相同性に基づく従来の年輪年代法の場合、その標準年輪曲線（マスタークロノロジー）は、地域ごと樹種ごとに別々に作る必要があるということである。まず年輪幅の個体間での同調した変動を規定しているのは、気温や降水量などの共通の環境因子、すなわち気候の変動であると考えられるが、そうした気候変動のパターンは地域ごとに異なるので、地域ごとに標準年輪曲線は別々に作らねばならない。その地域がどの程度の大きさになるかは、ケースバイケースであると思われるが、例えば、屋久スギの年輪年代を木曽ヒノキの年輪幅の標準年輪曲線を使って決定することは難しいので、日本列島の中でも限られた地域ごとに、その標準年輪曲線を作る必要がある。一方、同じ地域に生息している樹木であっても、その年輪幅、すなわち成長量の変動パターンは、樹種ごとに異なる。なぜなら樹木の中にも、乾燥に強い種類や寒さに強い種類、その反対の種類など、気候変化に対するさまざまな耐性や脆弱性を持った種類が存在し、気候変動に対する成長量、すなわち年輪幅の応答パターンは樹種ごとにさまざまに異なるからである。

　結果的に、日本列島全域のすべての木材の年輪年代決定に適用できる過去数千年間に及ぶ年輪幅の標準年輪曲線を構築しようとすれば、地域ごと樹種ごとに長大なものを別々に作成することになり、それは作業量的にも試料探索上も事実上不可能であることがわかる。そもそも日本という国では、年輪年代学の先進地域である寒冷域や乾燥域とは違って遺跡から出土する木材だけを見ても、広葉樹を中心に樹木の種類が多すぎる。一方でヒノキやスギなどの樹齢が数百年に及ぶことが多い樹種を除くと、個々の木材の年輪の数はせいぜい数十年に限られるので、第1章3節で述べたクロスデーティング法を使ってどんなにたくさんのデータをつなぎ合わせても、過去数千年に及ぶ標準年輪曲線を作成することは現実的ではない。

　第二の問題は、日本のように温暖で湿潤な国では森林内で樹木の個体数が多すぎることから、年輪幅の変動パターンに個体間の競争関係が影響してしまい、標準年輪曲線と各個体の変動パターンの相同性が低くなりやすいということである（図6）。その結果、少ない年輪数では正解の年代においても統計的

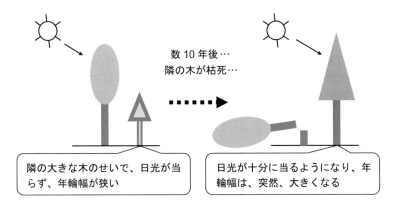

図6　隣接する個体間の競争が年輪幅に影響するイメージ

に有意な相関を得ることが難しく、通常年輪数が100年を越えるような木材でないと年輪年代決定ができないという状況にあった。実際に遺跡から出土する木材の大部分は、年輪数が数十年以下のものがほとんどであり、出土材の年代を決定するという目的に照らすと、年輪幅に基づく年輪年代法では対象となる木材を見つけることは、そもそも至難の業だったのである。

　一般に樹木個体間での年輪幅の変動パターンの相同性は、北極圏や山岳域の森林限界付近の寒冷地や砂漠のような乾燥地など、気候が厳しくて樹木の個体数が少なく、樹木の1本1本が気候環境に直接向き合っているような地域では、高くなる。それゆえ年輪年代法も、そうした地域で早くから行われてきた。前章に示したように日本のような樹木の個体密度が高い地域でも、奈良文化財研究所などで粘り強くデータが収集され、年輪数が多い木材であれば、かなりの確率で年代決定ができるようになってきたが、その応用には、自ずと限界もあったのである。

　日本で年輪年代の決定ができるのは、「標準年輪曲線が完成したヒノキやスギなどの特定の樹種の100年を越えるような年輪数を持つ木材に限られる」という事実は、応用面で大きな問題をもたらしてきた。第一に、年輪数が多いヒノキやスギなどの立派な板材や柱材の場合、遺跡から出土する材でも必ず製材

が施されているので、樹皮はもちろん樹皮直下の部位である辺材も存在しないことが多く、残存する最外年輪の年代が実際の伐採年代よりも、百年以上古くなる可能性がある。第二に、そうした立派な材の場合、貴重であるがゆえに再利用（転用）される可能性があり、転用先の遺跡の年代と比べると、その木材の年輪年代は、相当古くなる可能性が否めない。

　このような問題があったので、年輪年代法と同じ手法を用いて標準年輪曲線と木材試料を対比できる、年輪幅に代わる普遍性の高い指標が待望されていた。X線を使って簡便に測定できる年輪の密度などもその候補であったが、必ずしも個体間相関は高くなかった。本章2節で述べた、ウィグルマッチングを前提にした年輪ごとの放射性炭素の測定はそうした期待に応えられる可能性が高いが、測定に莫大なコストがかかることと、年単位の標準年輪曲線の構築の展望がまだないという問題もあり、普遍的な実用化への道のりは遠い。こうした問題をクリアできる新しい指標として21世紀になって登場したのが、年輪セルロースの酸素同位体比だったのである。

4. 酸素同位体比の年輪年代法への導入

酸素同位体比とは何か

　酸素は、空気や水などあらゆる場の中に存在するありふれた元素であり、私たち人間を含む動物の生存になくてはならないものである。一般に世の中の元素には、同じ元素（正確に言うと、原子核の中に含まれる陽子の数が同じ）だけれども、重さが異なる（その原子核の中に含まれる中性子の数が異なる）原子が複数種存在することがあり、それら複数の種類からなる重さの異なる原子のことを、同位体と呼んでいる。酸素の場合は、重さ（質量数）が異なる三つの同位体（陽子の数は8個で同じだが、中性子の数が8, 9, 10個と違う原子）があり、それぞれの質量数（陽子と中性子の合計の数）を使って酸素16、酸素17、酸素18と呼んでいる（図7）。

　酸素同位体比とは、測定対象となる
物質（例えば、コップの中の水とか、
部屋の中の空気とか、木材試料の中の
特定の年の年輪とか）に含まれる酸素
18の存在数と酸素16の存在数の比で
ある。自然界における酸素同位体比の
変動幅は非常に小さいので、変動幅を
増幅して表示するために、サンプルの

陽子8個と中性子8個
からなる質量数16の酸
素（^{16}O）

陽子8個と中性子10個
からなる質量数18の酸
素（^{18}O）

図7　酸素同位体とは？

酸素同位体比はウィーンにある国際原子力機関が頒布している国際標準物質で
ある標準平均海水（Vienna Standard Mean Ocean Water：VSMOW）の酸素
同位体比を使って、以下の式（1）で表す。

$$\delta^{18}O_{vsmow}(\text{‰}) = \left\{ \frac{(^{18}O/^{16}O)_{sample}}{(^{18}O/^{16}O)_{vsmow}} - 1 \right\} \times 1000, \quad 式（1）$$

酸素同位体比の優位性

　この酸素同位体比が世界中で不変のものであったなら、年輪ごとの酸素同位
体比を測定しても意味はないが、その比は物質の化学反応、拡散、固体・液
体・気体間での相変化などの過程で、規則的にほんの少し変化する（酒井・松
久 1996）。それゆえ年輪の酸素同位体比から、その年輪が形成された年の気候
が復元でき、さらに気候変動に支配された変動パターンの個体間での同調性を
利用して、木材の年輪年代が決定できる。

　それにしても、なぜ酸素なのか。炭素や窒素ではないのか。それには大きな
意味がある。酸素の同位体比には、過去の気候変動を記録しやすい三つの特徴
がある。第一に、酸素は水分子の中に含まれる。水は気候変動の主役であり、
気温や降水量の変化と水の動態は直接関係している。第二に、酸素を含む水
は、地球上で氷・水・水蒸気という三つの形態をとる。それらの間での相変化
の際に、酸素同位体比は規則的に変化する。第三に、酸素はあらゆる物質に含

まれていて、さまざまな古気候の記録媒体の中で酸素同位体比を測定すること
ができる。具体的には、サンゴ年輪や鍾乳石（炭酸塩）、氷床コア（氷）、樹木
年輪（有機物）などのあらゆる試料の中に含まれている。この酸素同位体比を
樹木の年輪に応用するのが、酸素同位体比年輪年代法である。

酸素同位体比年輪年代法の特長と課題

酸素同位体比年輪年代法では、木材の年輪幅の代わりに、木材の年輪に含ま
れるセルロースの酸素同位体比を測定し、あらかじめ作成しておいた年輪酸素
同位体比の標準年輪曲線と木材試料の年輪酸素同位体比の間で、変動パターン
の照合（ウィグルマッチング）を行う。その利点は最初に紹介したように二つ
あり、「樹種の違いによらないこと」と「年輪数が比較的少ない試料に対して
も応用できること」である。それらはともに、前節で述べた年輪幅による年輪
年代法の限界を克服できるものであり、その結果、従来は測定の対象にならな
かった広葉樹を含む雑多な樹種の年輪数が少ない無数の木材の年輪年代決定を
行えるようになった。

そうした木材の中には、樹皮が付いていて、転用の可能性が低く、破壊分析
が可能な（文化財としての価値が相対的に低い）木材群が大量に含まれてお
り、水田や集落の周りの杭列や水路の壁の板列など、遺構構築の際に一斉に施
工された可能性の高い木材群を大量に一括分析することで、一つひとつの出土
材を別々に測定するときと比べて、年代決定の信頼度を飛躍的に高められる。
第3章では、このような有用な性質がなぜ酸素同位体比には備わっているのか
について、「年輪セルロース酸素同位体比の変動メカニズム」を理論的・実験
的・観測的な観点から詳細に説明する。

このように酸素同位体比を使った年輪年代法には、従来の年輪幅に基づく方
法と比べてさまざまな利点がある一方で、その測定には、年輪幅の場合と比べ
てはるかに手間と時間がかかる。それゆえこの方法を、同一遺跡から出土した
大量の木材に同時に適用していくためには、何よりも分析手法の迅速化、簡便
化、低コスト化が必要であった。それゆえ第4章では「年輪セルロース酸素同

位体比の測定法」について、その分析のあらゆる工程の効率化に取り組んだイ
ノベーションの歩みを振り返りながら紹介する。そこには、酸素同位体比年輪
年代法の利用に興味を持つ埋蔵文化財調査関係者の皆さんの実際の疑問に直接
答えられる事実が、多数含まれているはずである。

第3章　年輪セルロース酸素同位体比の変動メカニズム

　　年輪の研究には、年代決定と気候復元という二つの側面があり、前者の成否は後者の性質に深く依存している。樹木の年輪にしても南極の氷にしても、自然の試料から過去の気候を復元する際には、「理論」「実験」「経験」のいずれかによる復元方法の裏付けが必要である。年輪幅の場合、天気がよいと年輪幅が広くなると想像されるが、実際には場所ごと樹種ごとに気象データと年輪幅の関係を解析して、それを「経験」に基づく方程式の形に表さなくてはならない。この「経験」による関係は、実はブラックボックスなので、気候復元の結果は多少なりとも曖昧になる。一方、年輪酸素同位体比の場合、気象データとの関係は「経験」でも定式化できるが、別途「理論」と「実験」による物理化学的なメカニズムに関する裏付けもあり、それが気候復元、さらに年代決定の信頼度の高さにつながっている。本章ではその仕組みを紹介したい。

1.　セルロース酸素同位体比の特長

なぜセルロースを測るのか

　木材年輪の酸素同位体比の測定では、通常、その中に含まれるセルロースという分子を化学的に抽出してから酸素同位体比を測定する。実際には現生木の年輪の場合、面倒な化学実験を行ってわざわざセルロースを抽出せず、年輪を元の木材の状態でそのまま測定しても、酸素同位体比の変動パターンはセルロースのものと大して変わらないこともわかっている。しかし、セルロースの形

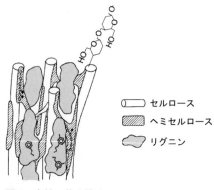

図8　木材の基本構造（木質科学研究所・木悠会
　　編 2001）

で分析した方がデータの精度はよくなるし、1個体で数百年分の古気候復元が可能な年輪幅の細かい高樹齢木や、遺跡から出土する劣化の進んだ木材などの場合は、第4章で紹介するように、セルロースにしてからでないと精度の高い分析は難しいので、酸素同位体比年輪年代法の研究では、ほぼ間違いなくセルロースを抽出してから、酸素同位体比の分析を行っている。

　セルロースとは、実は地球上に存在するすべての有機分子（有機物とは、生物が作る炭酸塩以外の炭素を含む物質の総称）の中で最も存在量の多い分子であり、木材の主成分であるとともに、木材から抽出されて紙の形にも加工され、日常的に私たちの生活を支えている。木材には三つの主成分となる分子（セルロース、リグニン、ヘミセルロース）が約3分の1ずつ含まれている（福島ほか編 2003）。木材は、その強固な性質からしばしば鉄筋コンクリートの建物に例えられるが、繊維状のセルロースが「鉄筋」、不定形のリグニンが「コンクリート」、残りのヘミセルロースが両者をつなぐ「接着剤」の役割を果たしていると考えられている（図8）。

　三つの分子のそれぞれの中に酸素は含まれるが、リグニンの酸素同位体比はセルロースやヘミセルロースの酸素同位体比よりもはるかに低い。それゆえ、リグニンの含有率が一定である現生木から採取された年輪であれば、木材全体とセルロースの間で酸素同位体比の変動パターンは平行関係にあるが、長く地中に埋もれている間に外縁部からの化学的劣化の進行により、リグニンとセルロースの含有比が木材の内側と外側で大きく変化してしまった出土材の場合、年層の中に残存する全成分を一緒に測定すると、もともとの酸素同位体比の変動パターンが再現できない。これが、酸素同位体比の測定のためにセルロース

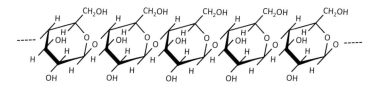

図 9　セルロースの分子構造

を抽出しなければならない根本的な理由である。

　セルロースには、その分子の構造（図 9）のお陰で、酸素同位体比の分析に適した三つの特長がある。第一に、前述のように鉄筋に例えられるほど丈夫で長持ちである。実際、保存状態さえよければ、1 億年前の中生代の地層から出土した埋没木からも、セルロースを抽出して、その酸素同位体比の測定ができる。第二に、セルロースは繊維状の分子であるが、その内実は環状になったグルコース（ブドウ糖）の分子が鎖状につながった多糖類であり、構造が単純、すなわちその分子の生成過程や酸素同位体比の変動メカニズムが、よく解明されている。第三に、一番大事なことであるが、セルロースの分子の中に含まれる酸素原子は、一旦セルロースができあがってしまうと、周囲の水などとは一切交換しない。つまり年輪からセルロースを抽出して酸素同位体比を測定すれば、それが今年の年輪であれ 1 億年前の年輪であれ、年輪生成時の酸素同位体比を正確に復元できるのである。

　一旦セルロースになったら、二度と周囲の物質と交換しないのは、酸素だけでなく炭素でも同じだが、セルロースに含まれる水素だけは、全体の 3 割を占める OH 基の水素が周囲の水（特にセルロース抽出の際の試験管の中の水）の水素と交換してしまうことがわかっていて、その測定のためには、あらかじめ OH 基をニトロ化する（NO_3 基に換える）などの化学処理の操作が必要であった。酸素と水素はともに水に含まれる元素であるため、年輪セルロースの酸素と水素の同位体比（水素の場合は、質量数 2 の水素の質量数 1 の水素に対する比）の変動パターンは互いに似ており、両者ともに気候変動の復元に使われてきた。第 4 章で示すように、21 世紀になって有機物の酸素同位体比の簡

便な測定法が普及するまでは、むしろ水素同位体比の方がよく測られてきたが、現在では、ニトロ化の操作が極めて煩雑であるため、年輪セルロースについては酸素同位体比の測定が一般的となり、水素同位体比はほとんど測定されていない。

酸素・水素・炭素同位体比の比較

　年輪セルロースの同位体比の研究において、酸素（もしくは水素）の同位体比がいかに有用であるかを示すために、2000年代に本研究を始めた初期の頃に取得した一つのデータを紹介したい。図10のデータは、ロシア・カムチャッカ半島の中央低地のコズイレフスクという村で、先述の北海道大学低温科学研究所の原登志彦氏のグループが採取したカラマツの3個体の年輪試料について、その年輪幅と年輪から抽出したセルロースの酸素と炭素の同位体比、および年輪セルロースをニトロ化したニトロセルロースの水素同位体比の変動パターンを、それぞれ示したものである。3個体中の1個体については年輪幅が狭かったため、セルロースの抽出と同位体比の分析は3年輪分をまとめて行い、ニトロ化と水素同位体比の測定は行っていない。年輪幅からは、三つの個体の成長過程が全く異なっていたことがわかる。個体Aは最初のうちから一気に成長した木、個体Bは最初のうち成長が遅かったけれども、途中で一気に成長がよくなった木、個体Cはずっと成長が悪かった木である。おそらく個体Aが、日当たりのよいところで育ち始めた一方で、個体Bは途中で間伐などが入るまでは日当たりが悪かった可能性があり、個体Cはずっと水分環境などの成長のための条件が悪かったものと思われる。

　ここで注目すべきことは、セルロースの炭素同位体比が、年輪幅の変動パターンと同じように個々の樹木の成長の履歴を強く反映した変動パターンを示す一方で、その酸素同位体比が、そうした個体ごとの成長環境の違いに左右されず、ほぼ完璧にすべての個体で同じ変動パターンを示したことである。水素同位体比は、何らかの理由で同位体比の絶対値は個体間で異なっていたが、その変動パターンは、やはり個体間でよく一致していた。また、年単位で測定を行

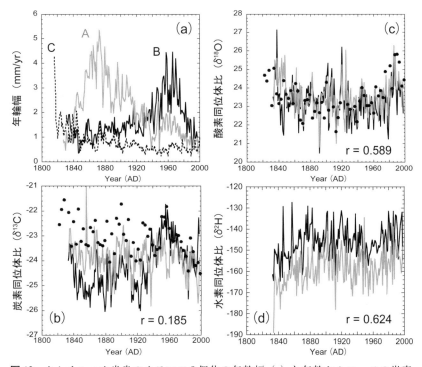

図10 カムチャッカ半島のカラマツ3個体の年輪幅（a）と年輪セルロースの炭素（b）・酸素（c）・水素（d）の各同位体比の変化。個体Cは試料が少なかったため、（b）（c）では個体C（●）の測定は3年分一括で行い、（d）では個体AとBのみ測定した。（b）〜（d）のrは個体AとBの相関係数。（中塚ほか 2008）

った2個体について、酸素と水素の同位体比をそれぞれ平均して、図11の同じグラフの上に並べて表示すると、酸素と水素の同位体比の変動パターンは、年単位から十年単位以上までのあらゆるスケールで極めてよく一致していた（成長の初期の段階でのみ、酸素と水素の同位体比の十年単位の変動パターンが逆向きになっていることは、第7章3節において中部日本の年輪酸素同位体比から過去2600年間の気候変動の復元を行う際に、極めて重要な意味を持つことになるが、ここでは深入りしない）。

　このことは、年輪セルロースの炭素同位体比が年輪幅と同様に樹木個体ご

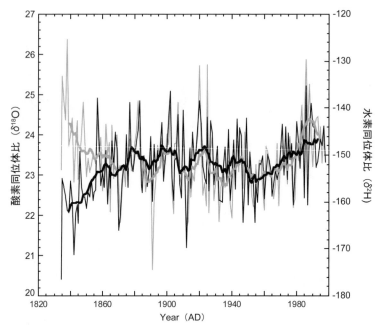

図11　カムチャッカ半島のカラマツの年輪セルロースの酸素（灰線）と水素（黒線）
　　　の同位体比の比較（細線は年ごとの値、太線は 11 年移動平均値）。酸素・水
　　　素同位体比ともに図 10 の個体 A と B の平均値を示した。

の生物学的な生育状況の影響を受けるのに対して、その酸素と水素の同位体比
は、何らかの外部の非生物的な共通因子を反映して個体の違いによらず同調し
て変化することを示していた。酸素と水素はともに水分子に含まれる元素なの
で、その共通の因子は降水や湿度など水循環に関係したものであることも推察
できた。

気象データと酸素同位体比の関係性

　ここで日本の気候変動の復元にもつながる、より身近なデータを示すという
意味で、中部日本の木曽ヒノキ 2 個体の年輪セルロースの酸素同位体比のデー
タ（図 12）を見ておこう。この試料は、長野県上松町の山林で 2005 年に伐採
されたもので、奈良文化財研究所の光谷拓実氏から頂いたものである。江戸時

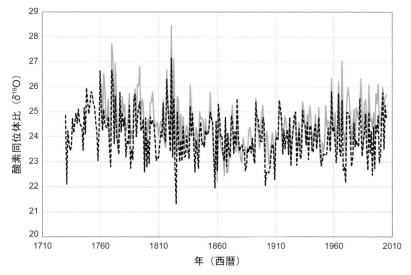

図12　長野県上松町の2個体のヒノキの年輪セルロース酸素同位体比の変化

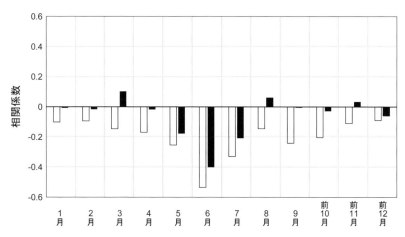

図13　長野県上松町のヒノキ年輪セルロース酸素同位体比（2個体平均）と飯田市の
　　月降水量（黒棒）・月平均相対湿度（白棒）の変動の相関関係。気象データの
　　ある1898〜2005年の期間で計算。10〜12月については前年の気象データと比
　　較した。

代中期に発芽した木曽ヒノキ2個体の年輪セルロース酸素同位体比は、よく同調した変化を示した。図13では、その2個体の酸素同位体比の変動パターンを平均して1898年以降の長野県南部の飯田市における月別降水量、月別平均相対湿度と比較し、その関係性の強さを「相関係数の棒グラフ」の形で表した。

　グラフからは、6，7月の降水量や相対湿度と年輪セルロース酸素同位体比の間に、顕著な負の相関があることがわかる。一般に、中緯度に位置する日本において樹木が光合成を行うのは春から夏にかけてであり、6，7月は活発に光合成が行われている季節である。また、この時期は梅雨期にあたり、梅雨入り・梅雨明けの時期の変化に対応して、降水量や相対湿度の年ごとの変化も大きい時期であると思われる。図13の関係性は、樹木年輪セルロースの酸素同位体比が、個体ごとの成長環境の違いによらず、光合成を行う時期の降水量や相対湿度などの外部の気候環境の変化だけを敏感に受け止めて変化していることを示唆している。

　それでは、このように気候変動が年輪セルロースの酸素同位体比の変動を規定するメカニズムとは、具体的にはどのようなものなのであろうか。以下、それについて、より詳しい理論的な考察と実験的なデータを示していく。

2. 変動のメカニズム（1）——気候変動

年輪の原料が作られる場としての葉

　年輪セルロースの構成単位は、図9でも示したように、光合成の際に葉の中で最初に作られるグルコース（ブドウ糖）である。それゆえ、そのグルコース、ひいては年輪セルロースの酸素同位体比の変動のメカニズムを理解するためには、葉内水の酸素同位体比の変動を理解する必要がある。ちなみに大学で生化学を勉強した人ならば、ここで、「グルコース分子の中の酸素原子は、光合成の際に、水ではなくて二酸化炭素として分子内に取り込まれるはずだ」と

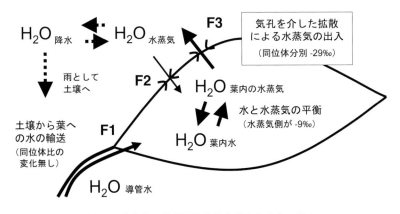

図14　葉内水の酸素同位体比を規定する水の収支

おっしゃるかもしれない（ヘルト　2000）。実際、生化学の教科書を読めばわかるように、グルコースの中の酸素原子は、二酸化炭素が光合成によって有機分子に取り込まれる過程で同時に分子内に入ってくる。しかし話は少しややこしくなるが、二酸化炭素の形でグルコースの中に取り込まれた酸素はカルボニル基（―C＝O）の形をしているので、その酸素は極めて不安定であり、速やかに周囲の水の中に含まれる酸素原子と交換し合って、その同位体比は、周囲の水よりも27‰高い値になることがわかっている。つまり、グルコースの中の酸素原子の同位体比の変動は、葉の中に大量に存在する水分子の酸素同位体比の変動を反映するのである。

葉内水の酸素同位体比のモデル

　それでは葉内水の酸素同位体比は、具体的にどのようなメカニズムで変化するのだろうか。以下、少し数式を使った説明を行うが、その難易度は中学生のときに習う数学のレベルなので、意欲ある読者の皆さんにはお付き合いいただきたい。もっとも途中の式の展開の過程などがわからなくても、本書全体の理解には大きな影響はないので、適当に読み飛ばしていただいても結構である。

　図14は、葉内水の酸素同位体比の変動に関わるすべての過程を表示した概

念図である。葉の中には、根から吸われた土壌水が、幹・茎にある導管を通って吸い上げられてきており、その水は葉の中で蒸発し、気孔という葉に開いた小さな孔から大気へ拡散していく。樹木は葉から水を大気へ「蒸散」（蒸発と拡散）させることで、根から水を吸い上げることができ、それにより土壌水に含まれる養分を葉まで持ち上げることができる訳である。一方で、大気中にも湿度（相対湿度）に応じた水蒸気が存在しているので、気孔からは葉内に水蒸気が若干逆流してくることになる。式（2）はその際の水の収支を示している。ちなみに、この式では植物が光合成に使う水のことは考慮されていないが、根から葉への水の供給や気孔を介した水蒸気のやり取りと比べると、光合成に使う水は極めてわずかなので無視しても構わない。

$$F1 + F2 = F3, \quad \text{式 (2)}$$

　ここで、土壌から水が葉まで吸い上げられる際には、同位体比は変化しない（酸素18と酸素16の同位体の選別は起こらない）ことがわかっているが、水の蒸発や拡散の際には、重い酸素18よりも軽い酸素16からなる水の方が、運ばれやすいので同位体比が変化する。具体的には水が蒸発する際には、水に比べて9‰酸素同位体比が低い（酸素18の割合が少ない）水蒸気が蒸発するし、水蒸気が気孔を通過するときには、もともとの水蒸気の平均に対して29‰酸素同位体比が低い水蒸気が通過することがわかっている。外から葉内に水蒸気が入ってくるときも、外の水蒸気に比べて29‰酸素同位体比が低い水蒸気が葉内に入ってくる。式（3）は、その同位体比の収支に関する方程式である（Roden et al. 2000）。

$$\delta^{18}O_{\text{導管水}} \times F1 + (\delta^{18}O_{\text{水蒸気}} - 29) \times F2 = (\delta^{18}O_{\text{葉内水}} - 9 - 29) \times F3, \quad \text{式 (3)}$$

　ここで、この葉内での水の収支と水の酸素同位体比の収支に関する二つの連立方程式を解くと、葉内水の酸素同位体比を表す以下の式（4）が得られる。

$$\delta^{18}O\,_{葉内水} = \delta^{18}O\,_{導管水} + 9 + 29 + (\delta^{18}O\,_{水蒸気} - \delta^{18}O\,_{導管水} - 29) \times \frac{F2}{F3}, \quad \text{式 (4)}$$

　このままでは変数がやや多いので、ここでは話を少し簡単にするために、さらに次の二つの仮定を置く。一つは、導管水はもともと土壌水を介して降水を起源としているので、導管水の同位体比は降水と同じであるという仮定。もう一つは、降水は大気中の水蒸気が凝結して生じるものだから、降水の酸素同位体比は水蒸気の酸素同位体比よりも 9‰ 高いという仮定である。こうした仮定は、瞬間ごとの空気に含まれる水滴や水蒸気と、その直下にある土壌水、さらには葉の直前に達する導管水との間では成り立っていないが、「ひと夏の平均」というレベルでは、大局的には成り立っていると考えてもよい。その結果、上述の式 (4) は、以下の式 (5) に簡略化される。

$$\delta^{18}O\,_{葉内水} = \delta^{18}O\,_{降水} + (9 + 29) \times \left(1 - \frac{F2}{F3}\right), \quad \text{式 (5)}$$

降水の酸素同位体比と相対湿度

　この式 (5) から、葉内水の酸素同位体比を規定しているのは、「降水の酸素同位体比（$\delta^{18}O\,_{降水}$）」と「葉の気孔から出ていく水蒸気の量（F3）に対する気孔から入ってくる水蒸気の量（F2）の比（F2/F3）」であることがわかる。「降水の酸素同位体比（$\delta^{18}O\,_{降水}$）」が変われば、それが土壌水を介して吸い上げられて作られる葉内水の酸素同位体比も変わるのは自明であると思われるが、「F2/F3」の比とは何であろうか。まず F2 と F3 には、それぞれ気孔の開閉度が大きく影響する。一般に植物は、土壌水分量が減少してくると、水を節約するために葉からの水蒸気の蒸散量を少なくしようとして気孔を閉じる。つまり F3 は小さくなる。しかし、そのとき F2 も全く同じ割合で小さくなるので、F2/F3 比自体は気孔の開閉度には左右されない。F2/F3 を規定するのは、気孔の外側と内側にそれぞれ存在する水蒸気の分圧（湿度）の比であるこ

とがわかる。一般に葉の内部は水蒸気が飽和（つまり、それ以上はもう蒸発できないレベルまで水蒸気で充満）していると考えられるので、「内側の湿度」は飽和水蒸気圧に達していて、相対湿度にすると 100% であると仮定できるが、「外側の湿度」、すなわち大気中の相対湿度は気象状況に応じて変わる。つまり F2/F3 は、天気予報で言う相対湿度そのものに対応していて、葉内水の酸素同位体比は、大変性能のよい湿度センサーになっていることがわかる。

葉内水の酸素同位体比の観測

ここで、この式（4）や式（5）が実際に成り立っているのかを確認するために、北海道の苫小牧国有林に設定された森林が出す二酸化炭素や水蒸気の収支（フラックス）を観測するための研究用のカラマツ林（図15）において、国立環境研究所の高橋善幸氏のサポートを受けて私自身が北海道大学の関宰氏らと

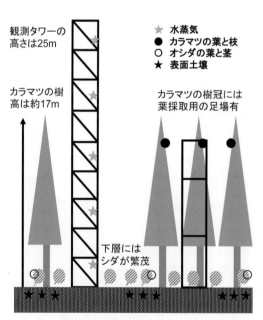

観測タワーの
高さは25m

★ 水蒸気
● カラマツの葉と枝
○ オシダの葉と茎
★ 表面土壌

カラマツの樹
高は約17m

カラマツの樹冠には
葉採取用の足場有

下層には
シダが繁茂

図15 北海道苫小牧国有林のフラックス研究サイトでの観測

ともに2003年と2004年の夏に2回にわたって行った、葉内水の酸素同位体比の日周変化の観測結果を示す（図16）。気温は毎日大きく日周変化し、飽和水蒸気圧は気温が高くなると大きくなるので、たとえ大気中の水蒸気の分圧が変わらなくても相対湿度は毎日大きく変化して、昼間は低く、夜は高くなる。それゆえ、葉内水の酸素同位体比が示す日周変化を測定すれば、それが相対湿度と本当に対応しているかどうかが

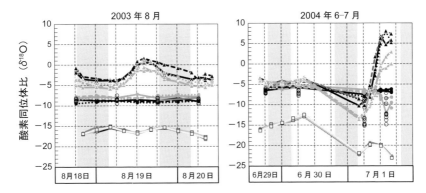

図16 北海道苫小牧国有林フラックス研究サイトでの各種の水の酸素同位体比の日周変動。葉内水（カラマツ：黒三角、オシダ：灰三角）、導管水（カラマツ：黒丸、オシダ：灰丸）、土壌水（白丸）、水蒸気（四角：線の濃い方が高さが低い）。図の背景の灰色の部分は日没から日出までを示す。

わかるはずである。

　サンプリングの対象としたのは、観測サイトに生えていた3個体のカラマツの林冠部の葉（ここでは特別に、樹高18mにもなる樹木の最上部の葉が簡単に採取できるように、観測用の足場が組んであった）と、比較のために林床の3箇所に生えていたオシダというシダ植物の葉である。水の酸素同位体比の測定のために必要最小限の量の葉を、昼間は2時間おき、夜間は4時間おきに採取して、密閉容器に詰めて研究室に持ち帰って、その中に含まれる水の酸素同位体比を測定した。カラマツの個体にはたくさんの葉が付いているので、毎回同じ個体から葉を採取したが、オシダは毎回同じ区画に生えている別の個体から葉を採取した。ここでは、式（4）における導管水と水蒸気の酸素同位体比の短期間での変動を明らかにするために、葉だけでなく、葉の付け根の茎（導管水の採取用）と林冠の上空から林床までの水蒸気、および土壌（土壌水の採取用）も定期的に採取して、その水の酸素同位体比を測定した。サンプリングは両年ともに3日間かけて行われた。2004年は初日から曇天で、2日目に寒冷前線が通過して雨が降ったので、水蒸気や土壌水の同位体比が途中で大きく低下している。

　図16からは、光合成が行われる葉内水の酸素同位体比が、植物の種類に関わらず、相対湿度の変化に対応して大きく日変化しており、その変化は、同時に観測されていた相対湿度（h＝F2/F3）と、水蒸気および導管水の同位体比（$\delta^{18}O$ 水蒸気、$\delta^{18}O$ 導管水）を、式（4）にあてはめて理論的に計算できる変化と、完璧に一致していることが確認された。つまり、図14の水収支の概念や式（2）～（5）は、単なる机上の空論ではなく、実際に葉内水、ひいては年輪セルロースの酸素同位体比の変動を規定していることがわかった。図を細かく見ると、オシダの生えている林床部は、林冠部よりも空気中の相対湿度が高いため、葉内水の酸素同位体比は低くなる傾向にあることなども確認でき、植物の個体間、樹種間での酸素同位体比の絶対値の微妙な違いに、その個体の局所的な生息場所が影響する可能性があること、しかし、その時間変化のパターン自体には、大きな差が見られないことなどもわかる。

気象データとの関係を規定するメカニズム

　このように年輪セルロースの酸素同位体比の変動を規定する葉内水の酸素同位体比は、式（4）や式（5）に示したように「降水（水蒸気）の酸素同位体比」と「相対湿度」という二つの要因で決まる。それでは、「降水（水蒸気）の酸素同位体比」は、何によって決まるのであろうか。その変動のメカニズムは地球上の場所ごとに異なり、単純ではないが、日本の本州南部のような中・低緯度の温暖で湿潤な地域では、降水の酸素同位体比には概ね、降水量と負の相関がある。つまり雨量が多いときに降る雨の酸素同位体比は低くなるということが知られており、「雨量効果」と名付けられている（Dansgaard 1964）。一方で、「相対湿度」は、直感的にわかるように雨量が多い時期に高くなる（雨の日には湿度が高い）ので、その両者の関係を簡単に示すと、図17のような因果関係が想定できる。すなわち雨が多いときには、降水同位体比が低くなり、相対湿度が高くなるが、式（5）において降水同位体比と相対湿度には、それぞれ正および負の係数がかかるので、結果的に雨が多い年には相対湿度が高くなるとともに、葉内水、ひいては年輪セルロースの酸素同位体比は低くな

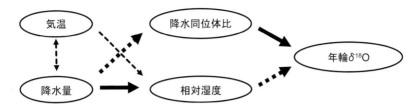

図17　中・低緯度における夏の気候と年輪酸素同位体比の関係。実線と破線は
　　　それぞれ正と負の相関、太線と細線はそれぞれ直接的・間接的な関係を
　　　示す。

ることがわかる。

　これが先に図13で示した、木曽ヒノキの年輪セルロース酸素同位体比と長
野県南部の飯田市の月別気象観測データとの相関関係の正体である。北海道の
カラマツ林で観測されたように、世の中のすべての陸上植物は、葉内水の酸素
同位体比を介して、降水の酸素同位体比と相対湿度の変動を「観測」してお
り、樹木の場合は光合成が活発に行われる季節（日本の場合は春から夏）に限
り、そのデータがさらに年輪の中に「記録」されていく訳である。つまり、樹
木を含む植物の葉は、高性能の気象観測センサーであり、樹木の年輪は、その
変動の記録計（データロガー）の役割を果たしている。

　さらに言うと、相対湿度と気温の間には物理学的な逆相関関係があり、また
日本では夏に雨が多いと気温が低くなるという気象学的な関係があるので、年
輪セルロースの酸素同位体比は気温が高い（≒相対湿度が低く、雨が少ない）
ときに高くなるという傾向があるが、これはあくまでも降水同位体比や相対湿
度を介した間接的な関係であると考えられる。

なぜ炭素同位体比ではダメなのか

　参考までに、カムチャッカ半島のカラマツ林から得られた図10のように、
なぜ年輪セルロースの安定炭素同位体比（$^{13}C/^{12}C$）が、個体ごとの成長の履
歴の影響を受けてしまうのか、つまり炭素同位体比ではなぜダメなのかを、図
14と同じような葉内における炭素（二酸化炭素）の収支の図（図18）を使っ

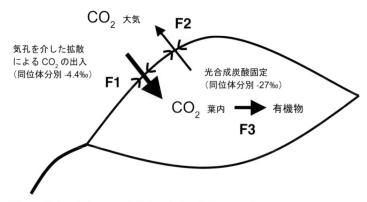

図 18 葉内で生産される有機物の炭素同位体比を規定する二酸化炭素の収支

て、説明しておきたい。光合成に必要な酸素や水素が主に水の形で土壌から幹
や茎を通って葉に送り込まれるのに対して、炭素は二酸化炭素として大気から
気孔を通して拡散によって葉の内側に入ってくる。取り込まれた二酸化炭素の
一部は光合成によって有機物（グルコース）になるが、余った二酸化炭素はそ
のまま気孔を介して大気に戻っていく。その収支は次の式（6）で表される。

$$F1 = F2 + F3, \quad 式（6）$$

　気孔を介した拡散により、二酸化炭素が葉の外と内を出入りする際には、も
ともとの二酸化炭素と比べて、炭素同位体比（$^{13}C/^{12}C$ 比：$\delta^{13}C$ で表す）が
4.4‰ 低い二酸化炭素が拡散していく。また、葉内で二酸化炭素が光合成によ
り有機物になっていく際には、もともとの二酸化炭素よりも、炭素同位体比が
27‰ も低い二酸化炭素が取り込まれる。この炭素同位体比の収支を示したの
が、次の式（7）である（Farquhar et al. 1989）。

$$(\delta^{13}C_{大気} - 4.4) \times F1 = (\delta^{13}C_{葉内} - 4.4) \times F2 + (\delta^{13}C_{葉内} - 27) \times F3, \quad 式（7）$$

　この二つの式からなる連立方程式を解くと、葉内の二酸化炭素の炭素同位体比、ひいては葉内で作られる有機物の炭素同位体比が以下の式（8）のように、「大気中の二酸化炭素の炭素同位体比（$\delta^{13}C_{大気}$）」と「葉の外から気孔を介して葉内に入ってくる二酸化炭素の量（F1）に対する葉内で光合成によって消費される二酸化炭素の量（F3）の比（F3/F1）」の二つの因子で決まることがわかる。前者の変動が年輪セルロースを含む有機物の炭素同位体比の変動を規定するのはほぼ自明だと思われるが、後者は何を意味するのであろうか。

$$\delta^{13}C_{有機物} = \delta^{13}C_{大気} + (27 - 4.4) \times \frac{F3}{F1} - 27, \quad \text{式 (8)}$$

　まずF1を決めているのは、葉の外側の大気中の二酸化炭素の濃度と、気孔の開き具合である。大気中の二酸化炭素の濃度は、ご存じのように産業革命以降、化石燃料の燃焼によって増大し続けているが、それによるF3/F1比の低下が、化石燃料自体の炭素同位体比が低いという効果（つまり、大気中の二酸化炭素の炭素同位体比（$\delta^{13}C_{大気}$）を下げる効果）と合わさって、樹木年輪の炭素同位体比を継続的に低下させてきた。しかし、この効果はかなり世界的な傾向であり、図10で見られるような個体間での年輪炭素同位体比の変動パターンの差異には結びつかない。一方の気孔の開閉度は、土壌中の水分量に依存すると考えられている。乾いた土壌の上に生えた植物は、気孔を閉じることで水分の蒸散を抑え、水を節約しようとするが、その結果、F1が減少することで、式（8）に従って、年輪セルロースの炭素同位体比は高くなる。それが図10において、成長速度の遅い個体の炭素同位体比が一貫して高かった理由かもしれない。

　実際に年輪セルロースの炭素同位体比の個体間でのバラつきに最も影響するのは、式（8）におけるF3の変化である。F3は個体ごとの光合成速度の違いをそのまま反映するため、樹木間での日当たりの違いや、その経年変化などの極めて局所的な要因の影響を強く受けてしまう。図10において、年輪幅の変動パターンの違いが、そのまま炭素同位体比の変動パターンに影響しているこ

とからわかるように、年輪セルロースの炭素同位体比は、樹木個体間の相関性において、年輪幅と同じ種類の限界を持っていると言える。これが、年輪同位体比の研究において、炭素よりも酸素の同位体比の方が気候変動の復元においても、年輪年代の決定においても優れている理由である。

3. 変動のメカニズム（2）——樹齢効果

グルコースから年輪セルロースまで

　前節では葉内水、ひいては葉内で作られる有機物の酸素同位体比の変動メカニズムについて詳述した。その結果、葉内水の酸素同位体比の変動は、降水同位体比と相対湿度という二つの因子の変動で説明できることがわかった。しかし、年輪のセルロースは葉内で作られる訳ではない。実は、葉内水の酸素同位体比の変動が光合成によって有機物に転写された後、幹まで運ばれてセルロースになるまでの間には、少しややこしい生化学的なプロセスがあり、その過程で葉内水の酸素同位体比の変動の情報が変化してしまうことが知られている。炭素同位体比の場合は、葉内での光合成の後の二次的な生化学的過程では、その値は基本的に大きく変化しないが、酸素同位体比の場合は、葉内でグルコース（ブドウ糖）が作られた後で、それが年輪セルロースになるまでの間に、有機物ではない分子、すなわち周囲の水との間で、分子内の一部の酸素が入れ替わってしまうのである。20世紀の間、年輪セルロースの炭素同位体比の研究が進んだ一方で、その酸素同位体比の研究が進まなかった背景には、次章で述べる分析化学的な問題以外にも、この光合成の後の二次的な同位体交換のプロセスの理解の難しさがあった。ここでは、少し話がややこしくなるが、年輪セルロースの酸素同位体比のことを理解する上で避けては通れない、光合成の後セルロース合成までの間の二次的な同位体比の変化のメカニズムについて、触れておきたい。

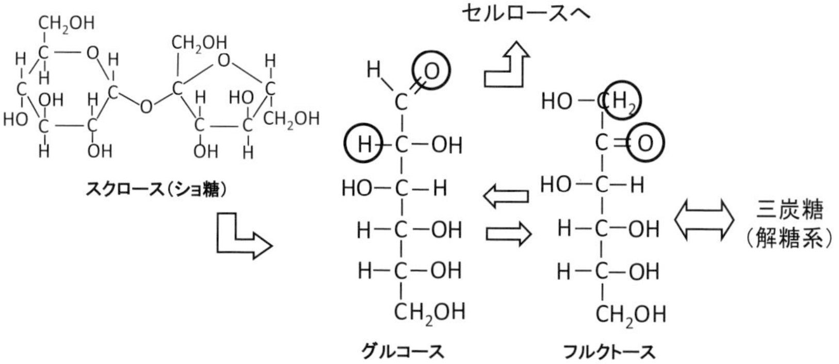

図19　スクロースがセルロースになるまでの分子構造の変化。○の部分の酸素と水素が周囲の水と交換する。解糖系に分子が回ると、さらに多くの部分の酸素と水素が、周囲の水と交換する。

年輪は樹幹の形成層で作られる

　年輪、言い換えると木材は、樹木の中でも幹の樹皮直下にある形成層という細胞組織で作られる。年輪を形成する分子の中でも、特にセルロースは水に溶けない繊維状の高分子なので、葉内で作って形成層まで運ぶことなどはできず、形成層の中で初めて作られるが、本章1節で述べたように、作られた後は周囲の水と酸素原子を交換したりはしない。問題は、セルロースが作られるまでのプロセスである。葉内での光合成によって最初に作られる有機物であるグルコースは、図19の中央に示すような形をしている。それが葉から出て幹まで、師管という管を通って送られる際には、図19のようにグルコースとグルコースの構造が少し変化したフルクトースという二つの分子が環状に丸まってくっつき合った「二糖類」であるスクロースの形で運ばれる（ヘルト 2000）。このスクロースというのは、いわゆる砂糖のことであり、樹皮の師管から染み出す甘い樹液を求めてカブトムシなどの昆虫が木の幹に群がる際には、このスクロースを目当てにしている。

　さて、このスクロースの中の酸素原子には、セルロースと同様に周囲の水などと交換してしまうものは含まれていないので、スクロースが形成層に到達し

て、そこでそのまま結合した結果がセルロースなのであれば、セルロースの中にもスクロース同様に周囲の水などと交換してしまう酸素原子は含まれないので、葉内水の酸素同位体比の情報が永遠にセルロースの中に保存されるはずである。しかし実際はそうではない。

セルロース生成過程での酸素原子の交換

　形成層においてスクロースは、一旦「単糖類」であるグルコースとフルクトースに分解されて、そこで生まれたグルコースが、改めてくっついて「多糖類」であるセルロースになる。この際、裸のグルコースやフルクトースは、その中の一部の酸素原子（具体的には、カルボニル基—$C = O$ の酸素）が周囲の水と交換してしまうのである。さらにややこしいことには、六つの炭素からなる糖を意味する「六炭糖」であるグルコースは、解糖系という生化学経路をたどって徐々に分解されて、より小さな「五炭糖」や「三炭糖」になり得るし、それがまた糖新生という経路をたどってグルコースに戻ってくることもある。その過程で分子の中のあちこちに、周囲の水と交換可能な酸素を含むカルボニル基が形成される。このようにグルコースを巡る生化学的な回路は、生物体の中で複雑に巡り巡る。そして、その都度、分子の中に含まれるより多くの割合の酸素原子が、周囲の水と交換してしまうのである。

　水と糖類の間で酸素が交換されるときには、常に水の酸素同位体比よりも27‰高い酸素同位体比を持つ酸素が糖類に取り込まれることがわかっているが、問題は葉内水と比べて、幹にある水（土壌由来の導管水）の酸素同位体比は、常に低いということである。これは、幹の水は葉内水と違って、葉から大気への水の蒸散に伴う軽い酸素の優先的な消失の影響を受けていないからであり、その結果、葉から幹に運び出された糖類の酸素同位体比は、周囲の水と酸素原子を交換するチャンスがあるたびに低くなり、徐々に葉内での式（5）の記憶、具体的には相対湿度の情報（シグナル）を喪失していく。この過程を示したものが、次の式（9）である（Roden et al. 2000）。

$$\delta^{18}O\,\text{セルロース} = f(\delta^{18}O\,\text{降水} + 27) + (1-f)[\delta^{18}O\,\text{降水} + (9+29)(1-h) + 27],\quad \text{式 (9)}$$

　ここで h は相対湿度で、式 (4)、(5) の F2/F3 に対応しており、f は葉から送り出された糖類の中の酸素原子のうちで、セルロースの合成までの間に周囲の水と交換してしまうものの割合を示している。もしも、この f が毎年大きく不規則に変化してしまうものであれば、高性能の気象センサーである葉で計測された酸素同位体比のデータは、年輪セルロースというデータロガーの中には正確に記録されないことになるが、実際には f は、概ね 0.4 から 0.5 の値で安定しているとされていて、その経験的な事実が、年輪セルロース酸素同位体比を古気候の復元や年輪年代の決定に使う際の拠り所になっている。

樹齢効果が存在する可能性

　もっとも第 7 章で詳述するように、この f 値は少なくとも長期的にはゆっくりと変化する可能性があり、それが長周期の気候変動の復元には、大きな影響を与えてしまうこともわかってきた。そのことを、樹齢効果、あるいは成長効果と呼ぶことにする。つまり、樹齢の進行や森林環境の大きな変化に伴って、f 値は変化する可能性があるのである。本章 1 節で紹介したロシア・カムチャッカ半島のカラマツや長野県上松町のヒノキの場合、成長の初期に、長さの違いはあるが、それぞれ酸素同位体比が一方的に低下する時期があることが、図 10 や図 12 からわかる。これは、この f 値が成長とともに増大したことで説明できる。なぜなら図 11 に示すように、同時期にセルロースの水素同位体比は増大していて、これは、この f 値の増大でなければ説明がつかないからである。というのも、酸素とは違って水素同位体比の場合は、葉と幹では水と有機物の間の同位体比の変化の仕方が逆であり、f 値が大きくなればなるほど、式 (10) に示すようにセルロースの水素同位体比は高くなるということが、理論的に予測できるからである（Roden et al. 2000）。

$$\delta^{2}H\,\text{セルロース} = f(\delta^{2}H\,\text{降水} + 150) + (1-f)[\delta^{2}H\,\text{降水} + (80+25)(1-h) - 150],\quad \text{式 (10)}$$

　とはいえ、酸素同位体比を使った年輪年代の決定にとって大事なのは、そうした長周期の酸素同位体比の変化ではなくて、年単位での酸素同位体比の短周期の変動なので、こうした樹齢効果は年代決定にはあまり影響しない。それゆえこの議論は、年輪セルロース酸素同位体比のマスタークロノロジーの拡充によって「あらゆる周期での気候変動の復元」を議論することになる第7章まで、とっておくことにしよう。

4. 酸素同位体比の応用に向けた課題

年輪酸素同位体比測定の二つの目的

　ここまで、年輪セルロースの酸素同位体比の規定要因を、理論的および観測的な事実に基づいて説明してきた。もとよりその目的は、年輪酸素同位体比を二つの大きな目的、すなわち気候変動の復元と年輪年代の決定に、正確に利用することである。その際には、樹種間・個体間で年輪セルロース酸素同位体比の変動パターンに差異がないことが理想である。何らかの差異がある場合には、その差異がどの程度の大きさ、どのような傾向を持ったものであり、その差異を補正できるかどうかが問題になる。具体的には、第一に同位体比の絶対値が違うのか、第二にその変動パターンまで異なるのかが問われる。差異があると言っても、年輪年代の決定や気候変動の復元にとって、両者の意味はまるで異なる。絶対値が異なっても、変動パターンが同じであれば、パターンの照合によって年輪年代を決定したり、気候の相対的な時間変化を復元したりする上では、大きな問題ではないからである。

　そうした疑問に答えるために、これまで、さまざまな地域のさまざまな種類の現生木を用いて、樹種間、個体間での変動のパターンの相違性、相同性について、検討を行ってきた。以下、そこで得られた知見の数々について紹介しておきたい。

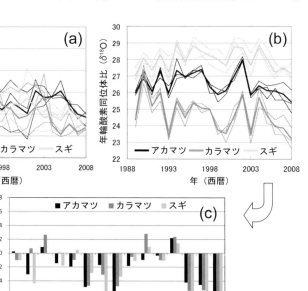

図20　長野県上伊那郡におけるスギとアカマツとカラマツの年輪幅（a）と年輪セルロース酸素同位体比（b）の変化および酸素同位体比と飯田市の月別降水量の相関（c）。（a）と（b）の細線と太線は、それぞれ個体ごとの値および種ごとの平均値を示す。

樹種間の違いはあるか──実践的な検証

　図20a, b は、長野県上伊那にある信州大学農学部構内の演習林で、同学部の安江恒氏の案内の下で無作為に採取したスギとアカマツとカラマツの各3個体の年輪コアを、名古屋大学理学部4年生の高野宏太氏が分析して求めた、年輪幅と年輪セルロースの酸素同位体比の変動パターンである。年輪幅の変動には、日当たりの違いなど大学構内における空間的に不均質な環境を反映して、特にアカマツとカラマツについては個体間で有意な相関が見られなかったが、その酸素同位体比の変動には、同じ樹種の個体間で高い相関があるだけでなく、異なる樹種でも極めて高い相関が認められた。図20c からは、そうした相関の背景に、本章2節で示した通り、夏の降水量との大きな負の相関がある

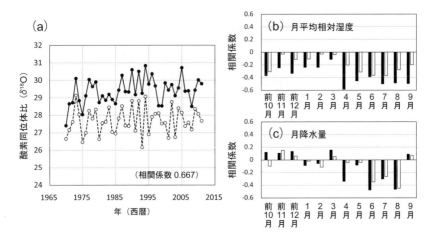

図21 名古屋大学構内における針葉樹（アカマツ4個体の平均：黒丸）と広葉樹
（コナラとアベマキ4個体の平均：白丸）の年輪セルロース酸素同位体比の変
動（a）とそれらの名古屋における月平均相対湿度（b）および月降水量（c）
の変動との相関（アカマツ：黒棒、コナラ・アベマキ：白棒）。(Li et al. 2015)

こともわかる。一方で酸素同位体比の絶対値は、スギ、アカマツ、カラマツの
順番で大きく低下し、先述のf値などの何らかの生理生態学的状況が、樹種間
で大きく異なっている可能性を示唆している。しかしそれでも、年輪年代の決
定では短期的な変動パターンだけが重要なので、絶対値の違いは、ほとんど影
響しない。一方の気候変動の復元の際には、異なる樹種のデータを統合するた
めに、絶対値の違いを消去するための何らかの工夫が必要になることがわか
る。

　図20の事例ではすべての樹木が針葉樹であったが、次に名古屋大学の構内
で、同大学環境学研究科の李貞氏が採取し分析した針葉樹のアカマツと広葉樹
のコナラ、アベマキの比較例を示す（図21a）。ここでも両者の変動は大変似
通っており、年輪年代の決定においては、樹種を越えた適用が可能であること
が示唆される。一方の気候変動の復元においては、より細かく気象データとの
相関を計算すると、樹種の間で、月平均相対湿度や月降水量などのうち、感度
が最も高くなる要素が微妙に異なること（図21b, c）もわかり、異なる樹種の

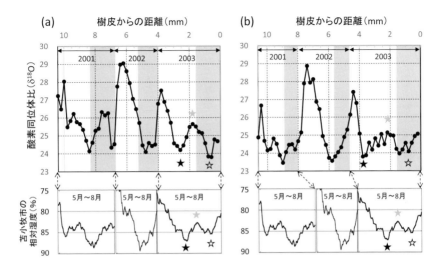

図22　北海道苫小牧国有林におけるカラマツ2個体（a：I-356, b：I-133）の年輪セルロース酸素同位体比の年層内変動と、苫小牧市の相対湿度の5月から8月の季節変動（30日移動平均）の比較。上図の白と灰の背景はそれぞれ早材と晩材の部位を表す。星印は対応が想定できる相対湿度と酸素同位体比の極値を示す。（Nakatsuka et al. 2010）

情報を組み合わせることで、多様な気候要素の変動が正確に復元できる可能性があることも理解できる。

個体間の違いはあるか──季節変動の測定

　樹種間での相違・相同性についてみてきたが、次に個体間での比較をより詳しく行った例を紹介しよう（図22）。これは、本章2節で葉内水など森林環境中の各態水の酸素同位体比の連続観測データを紹介した北海道苫小牧の研究林において、カラマツの年輪セルロース酸素同位体比の年層内の変動、すなわち季節変動を詳しく解析した事例である。セルロースの酸素同位体比は、年層の中で大きく変化していた。これは、相対湿度などのセルロース酸素同位体比を規定する気象要素が、大きく日周変化するのと同様に、大きく季節変化するからであり、梅雨が来たり来なかったりする北海道の特性を反映して、酸素同位

体比の季節変動パターンは毎年極めて特徴的な変化を示していた。実際、苫小牧で観測された相対湿度の季節変化のデータと比較してみると、その変動パターンは、年を越えて相対湿度の変動と瓜二つであり、セルロース酸素同位体比の季節変動が、過去の任意の年における気象の季節変化の復元に使える可能性を示している。

　とはいえ、データをより詳細に見てみると、個体間で年層内変化のパターンが微妙に異なり、具体的には成長方向に少し伸び縮みしていることもわかってきた。つまり相対湿度の季節変化などで表される気象条件の変化に対応して、そのときに作られた光合成産物の酸素同位体比が、その光合成が行われた時点を示すタイムマーカーの役割を果たしているとするならば、個体間で光合成が行われる時期が微妙にずれていることがわかる。これ自体、気象観測が行われている時代に限って言えば、極めて斬新な光合成活性の季節変動の測定法になるが、気候変動の復元や年輪年代の決定の面からみると、やや厄介な問題であることもわかる。樹種や個体の違い、あるいは年代の経過によって、光合成の時期がずれるのであれば、当然、セルロース酸素同位体比が示す気象データの時期も変わるし、その変動パターンの照合の精度も落ちてくる。これは未だ端緒的なデータであるが、今後第8章で詳しく議論するように、本格的にセルロース酸素同位体比の年層内変化のデータを気候復元と年代決定に利用していく場合、それは、どの程度の精度で可能なのか、その精度を向上させるにはどのような工夫が必要なのかについて、解析を進めていく必要がある。

樹齢効果に対するスタンス

　前節では、式（9）のf値が長期的に変化してしまう可能性に関連して、年輪セルロース酸素同位体比の樹齢効果に言及した。樹齢効果は、年輪に含まれる幅や同位体比などの属性が、樹齢とともに気候などと関係なく、生物学的な理由で徐々に変化してしまう効果である。セルロースの酸素同位体比の場合、世界的には「樹齢効果はない。小さい。幼樹期に限られる。」などの議論が行われてきたが、実際にはf値の変化を介して、長期にわたって樹齢効果が表れ

ることもある。考古学の立場からみると（考古学者の皆さんはほとんど理解していないと思われるが）、この樹齢効果は考古学に対して大きなジレンマをもたらす。それは「年代決定と気候復元の相克」というジレンマである。

　まず、考古学に役に立つ「年代決定」には、樹齢効果はほとんど影響しない。セルロース酸素同位体比の短周期での変動パターンに着目して、出土材の年代決定を行うという目的から考えると、ゆっくりと酸素同位体比が変化する樹齢効果は、有っても無くても年代決定の精度にはほとんど影響しないからである。影響がありそうな場合は、長周期の変動を指数関数などで近似して全部消去すればよい訳で、つまり樹齢効果の問題は深刻に考慮する必要のない問題である。

　しかし、考古学が期待する「気候復元」には、樹齢効果は甚大な影響を与える。一般の考古学者にとって考察に値する気候変動とは、短周期の年単位のものではなく、数百年周期などの長周期のものである。実際、「AD 127 年の降水量は、AD 126 年よりもずっと多かった」というようなデータを年輪酸素同位体比は提供できるが、そうした解像度の細かいデータに対応できる先史考古学者は、日本にはまだいない。もちろん、古墳時代や歴史時代の考古学者なら、20 年や 30 年単位、あるいはさらに細かい年代の議論を求めることもあるが、多くの先史考古学者は「AD 2 世紀の降水量は、AD 1 世紀よりも多くなった」というような百年〜千年スケールでの古気候データの提供を望んでいる。

　この場合、樹齢効果はそうした長周期の気候復元を妨害するものになり、いかに樹齢効果だけを消去して長周期の気候変動の情報を残すか、という新しい取り組みが必要になる。

迅速なデータ取得の必要性

　このように樹齢効果の問題一つとってみても、年代決定と気候復元という二つの目的からの半ば相反する要請に挟まれて、一種の自家撞着状態からスタートしたのが、先史時代の日本を対象とした年輪セルロース酸素同位体比の研究

であった。しかし、研究が本格的にスタートした2011年当初は、データが圧倒的に不足していた。膨大な年輪セルロース酸素同位体比のデータをもとに、さまざまな周期の変動の特徴や樹種間・個体間での変動の相同・相違性、年層内変動（季節変動）に見られる光合成の時期の変化等々について、さまざまな基礎的知見を蓄積しながら、併行して、その年代決定や気候復元への応用を進めていく必要があった。つまりデータをできるだけたくさん得る必要があったのである。

その前提として、まず必要だったことは、分析法を革新することであった。20世紀から続く年輪セルロース酸素同位体比の研究では、その分析の困難さゆえに、この分野の研究の進展が大きく阻害されていた。そこで私たちは、まず世界に先駆けて、徹底的に効率化した分析法を開発することから、研究をスタートさせた。次章では、いかに分析法の効率化が行われたかを、実際の分析法の核心に触れながら紹介する。

第4章　年輪セルロース酸素同位体比の測定法

　　分析技術の開発は、時として人類の世界観を変える。DNAが二重の
螺旋状に連なった構造の中に、全生物の遺伝情報が閉じ込められている
ことが1950年代に発見されて以降、DNAの塩基配列は分析技術の開
発に伴って、最初はゆっくりとその後は急速に読み解かれ、現在では一
人ひとりのDNA情報がオーダーメイド医療にも使われ始めている。同
位体比の測定技術にも開発の歴史があり、それを太古の岩石や隕石、南
極の氷、大気中のCO2や食物連鎖上の生物などに応用することで、地
球と惑星の歴史、大気海洋の物質循環、生態系の構造などについて、多
くの知見が得られてきた。ここでは、同位体比研究の中でも、最も後発
の対象である有機物の酸素同位体比の測定小史を振り返り、年輪セルロ
ース酸素同位体比の測定方法のイノベーションの意味を紹介したい。

1.　有機物の同位体比を測定するには

同位体比の測定は超高精度

　本章では酸素同位体比の測定について、できる限りわかりやすく解説した
い。皆さんは同位体比を測ると聞いて、どのような方法を想像されるであろう
か。同位体比とは「重さ」の異なる元素の存在比なのだから、重さを量るため
に精度のよい天秤などを使うことを想像されるかもしれない。実際には同位体
比の測定には、同位体比質量分析計という特殊な装置を用いる。同位体比質量
分析計の原理を理解するためには、同位体比の研究に求められる測定の精度を

まず知る必要がある。

　酸素同位体比とは、第2章で説明したように試料の中に含まれる質量数16の酸素原子（^{16}O）に対する質量数18の酸素原子（^{18}O）の存在比であるが、自然界の酸素のほとんどは ^{16}O であり、^{18}O はその0.2%くらいしか含まれていない。それゆえ自然界で酸素同位体比を測ると、概ね0.002付近の値を取る。酸素同位体比を測るということは、この0.002付近の値が、サンプル間でどのように変化するか、例えば2019年の年輪と2018年の年輪の間でどのくらい変化するかを測るということだが、実際の年輪の同位体比では、この0.002のさらに千分の1から万分の1の桁、小数点6桁目から7桁目の数字が変化するに過ぎない。つまり酸素の同位体比というのは、ほとんど変化しないのであって、例えば酸素16と酸素18の比にして、0.0020331と0.0020332の違いを見分けなければならないのである。だから気孔からの水蒸気の蒸散によって葉内水の酸素同位体比が上昇したと言っても、それは通常の天秤で測定できるようなものではない。その測定には特殊な装置が必要なのだが、そのための分析装置である同位体比質量分析計は、実は1950年代にはすでに開発されていた。

同位体比質量分析計の原理

　質量分析計とは、対象となる原子や分子の重さを測る装置である。そこでは原子や分子の試料に電子ビームをぶつけてイオン化（電子を外からくっつけたり、電子を中から引きはがしたり）したのち、大きな電圧をかけて原子や分子を加速し、強い磁石に挟まれた真空状態の分析管の中に送り込む。磁場の中でイオン化した原子や分子が動くと、電車のモーターが回るように、原子や分子は回転運動を始めるが、そのとき、その重さが軽いほど回転半径は小さくなり、重いほど回転半径が大きくなる（図23a）。同じ重さのイオンでも、磁場の強さを強くすると、その回転半径は小さくなり、加速電圧を大きくすると、その回転半径は大きくなる。

　通常の質量分析計では、分析管の終端の1箇所に、流入するイオンの量を計測できる検出器を付けて、対象となる原子や分子を分析管の入口に流し込みな

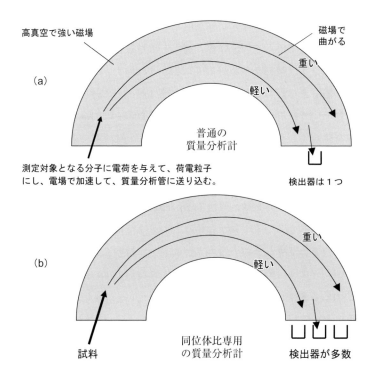

図 23　普通の質量分析計（a）と同位体比質量分析計（b）の違い

がら、加速電圧や磁場の強さを少しずつ変えて、ちょうど検出器に試料が当た
るときの加速電圧と磁場の強さから、その原子や分子の重さ（質量数、分子
量）を計算することになる。この装置を使って同位体比を測るためには、加速
電圧や磁場の強さを変えて異なる重さの原子（分子）を時間差を置いて検出器
に導入しながら、それぞれの重さの原子（分子）の量をその都度測定して、そ
れらの量比を計算することになる。しかし、質量分析計に流し込む試料の量を
時間的に一定に保つのは至難の業であり、そもそも加速電圧や磁場の強さも電
源の不安定性ゆえに完全に一定にすることはできないので、時間差を置いた測
定では、上述のような小数点 7 桁の精度で同位体比を測定することは不可能で
ある。

　この問題をコロンブスの卵のような簡単な方法でクリアしたのが、同位体比専用の質量分析計である。同位体比の測定では対象となる原子の種類は複数個あるが、その重さは最初からわかっている。それゆえ、その重さに対応した複数個の検出器をあらかじめ質量分析計の末端に並べておけば、異なる重さの原子の流入量を同時に計測して、その比を計算できる。この簡単な原理（複数個の検出器を装着するマルチプルコレクターの原理）により、試料量の変化や電源の不安定性の問題を一気に解決して高精度の同位体比の計測が可能になった（図23b）。

　酸素同位体比の測定対象は、質量数18の酸素と質量数16の酸素の二つである。だから検出器も二つで十分かというと、そうではない。酸素は反応性に富んだ元素なのでヘリウムなどの希ガスとは違い、裸の原子の状態では安定に存在し得ない。それゆえ酸素を質量分析計に入れる際には、酸素を含んだ何らかの分子にする必要がある。酸素を含むガス分子には、O_2, CO_2, CO などがあるが、セルロースの酸素同位体比の場合は、後述するように CO 分子の形で測定する。CO 分子の重さは炭素の重さと酸素の重さの合計であり、炭素には質量数12と13、酸素には質量数16と17と18の安定同位体があるので、CO の重さには、$12+16=28$、$12+17=29$、$12+18=30$、$13+16=29$、$13+17=30$、$13+18=31$ の6種類の組み合わせがあって、分子の重さ（分子量）としては、28、29、30、31の四つのバリエーションがある（炭素には質量数14の放射性同位体もあるが、存在量が数桁少ない極微量の原子なので、安定同位体比の測定には影響しない）。ここで炭素と酸素の大部分の同位体は質量数12と16なので、$13+17$ や $13+18$ の分子が生まれる可能性は極めて小さく、28、29、30の3種類の分子の量を測れば十分である。同位体比質量分析計を使って CO を測定する際には、実際にこれらの分子量に対応した三つのセンサーが使われ、そのうちの28と30の量比が、実質的に酸素同位体の16と18の比になる。このように、同位体比質量分析計を使った測定では少数の検出器を同時に使うので、その検出器に対応した決まった形の小さなガス分子に、あらかじめ試料を変換しておくことになる。

有機物の酸素をガス化する難しさ

　以上のように、酸素や水素、炭素、窒素などの同位体比を測る際には、マルチプルコレクターを使った異なる分子量の分子の同時測定を前提にしているため、試料が岩石であれ、氷であれ、貝殻であれ、木材であれ、試料に含まれる元素を、あらかじめ決まった形の小さなガス分子にする必要がある。その際には元の物質からそのガス分子に変換する際に同位体比が変化しないように、試料に含まれるすべての原子を確実に目的のガスに換えなければならない。その際、ガスは揮発性であり、空気中で反応させると、すぐに失われてしまうので、通常こうした反応は密封された容器中で行うことになる。

　酸素の場合、酸素が含まれる試料の化学的形状に応じて、さまざまなガス化の方法が考案されてきた。貝殻や鍾乳石などの石灰質、つまり炭酸カルシウムの試料の場合、試料を密閉したガラス容器などの中でリン酸などの酸と反応させれば、炭酸カルシウムは溶けて、その中に含まれる酸素や炭素は二酸化炭素の形で取り出すことが可能であり、この二酸化炭素を同位体比質量分析計に導入できる。氷や水の試料の場合は、水自身が小さな分子であるため、そのまま同位体比質量分析計に入れることも理論的には可能であるが、実際には水の揮発性は低く、分析機器の内壁に「糊」のように付着することが知られているので、そのままでは取り扱いが極めて面倒である。そこで、密閉したガラス容器の中で水試料に少量の二酸化炭素を加えて化学平衡に達するまで時間をかけて放置し、水分子の酸素同位体比の情報を二酸化炭素の酸素同位体比に転写して、二酸化炭素の酸素同位体比を測定することが行われてきた。

　それでは、年輪に含まれるセルロースなどの有機物の場合は、どうであろうか。有機物には酸をかけても何も反応は起こらないし、二酸化炭素と化学平衡に達する訳でもない。有機物をガスにする最も簡単な方法は、よく知られているように燃やしてしまうことである。有機物の炭素や窒素の同位体比を測定する場合は、真空にした密閉容器の中に試料を酸化銅などの酸化剤とともに封入してから、全体を電気炉などに入れ、800℃ を越える高温状態下で試料を燃焼することで、炭素と窒素を二酸化炭素と窒素のガスに変えることができる。そ

の際には、800℃ の高温に耐えられるように、封入のための容器にはガラスではなく石英製のものを使う。しかしその際、燃焼時に酸化剤に含まれる酸素が試料に混入してしまうため、試料中の酸素の同位体比が変わってしまう。つまり、燃焼法では酸素の同位体比を測定することはできないのである。その後、有機物の酸素同位体比を測定するために 20 世紀末までの試行錯誤の結果、たどり着いたのが、次に示す熱分解法であった。

2. 熱分解元素分析法の登場

熱分解という方式の問題点

　有機物をガスにする最も簡単な方法が燃焼であることは、おそらく人類が火を発見した太古の昔から知られていたであろう。その際に試料をよく燃焼させるためには外部から酸素（酸化剤）を与えることが有効であり、それが結果的に酸素同位体比の測定の妨げになってきた。しかし実は有機物は酸化剤の助けがなくてもガスになる。例えば木材を無酸素条件下で高温にして蒸し焼き（熱分解）すると、木ガスと呼ばれる黒いガスが発生する。これは酸素が足りない条件で起きる不完全燃焼と同じであり、火災現場などで見られる真っ黒な煙も、酸素が足りない状況下で有機物がガスになった結果である。もっともこうした熱分解では、燃焼とは違ってさまざまな種類の高分子のガスが同時に発生してしまうため、同位体比質量分析計のマルチプルコレクターでその同位体比を測定することはできなかった。

　この問題は、実は熱分解の温度を上げることで解決する。熱分解反応の温度を上げていくと、やがて発生するガスの組成は単純になり、1400℃ にすれば有機物の中に含まれる酸素は周囲に存在している炭素と結びついて、すべて一酸化炭素になることがわかってきた。もっともガラス管はもちろん、石英管でもこのような高温には耐えられないので、こうした高温に耐えられる反応容器が探索され、20 世紀末の一時期には金属のニッケル管などが、有機物の熱分

解用の反応容器に使われていた時代もあった。しかし使い捨てで 1 本 1 万円以上もするそのような容器は、年輪の研究のように膨大な数の試料の分析を必要とする研究には用いることはできず、年輪セルロースの酸素同位体比の研究は、20 世紀末の段階では、完全に行き詰まっていた。

非密封という発想の転換

同位体比質量分析計のマルチプルコレクターを利用する目的で試料をガスにする際、発生したガスを確実に保持し、かつ周囲の空気などからの汚染を避けるために、反応は必ず密閉した容器内で行わなければならない。このことは同位体比分析の原理原則であったが、1990 年代に、その常識を打ち破る全く新しい発想の装置が開発された。ヘリウムガスが流れている高温の縦型の反応炉の中に、試料を上から落下させ、発生したガスをヘリウムガスに乗せて、そのまま同位体比質量分析計に送り込み、短時間でその同位体比の測定を終えてしまう、というオンライン方式の分析装置の登場である。縦型の反応炉からなる試料のガス化装置自体は、有機物の中に含まれる炭素や窒素の量を測るための元素分析計という形で前からあったが、それを同位体比質量分析計とつなぎ合わせるという斬新な発想であった。従来の同位体比質量分析計での時間をかけた慎重な測定に慣れていた私たちにとっては、大量のヘリウムガスを試料由来のガスと一緒に質量分析計に入れてしまうことや、発生したガスの同位体比の測定を元素分析計からガスが排出される数十秒という短時間のうちに終えてしまうことなどは、乱暴な発想に思われたが、分析管の真空を保つポンプの能力の向上や、質量分析装置の感度や精度の向上によって、この方式が実現したのである。

当初この方法は、元素分析計という形ですでに広く用いられていた燃焼法を対象に開発され、有機物の炭素や窒素の同位体比のオンライン測定が世界中で始まったが、引き続いて有機物の酸素同位体比の測定への応用を念頭に置いて、熱分解元素分析計の開発が欧州の大学とメーカーによって進められた（Sharp et al. 2001）。酸素同位体比の分析では有機物を 1400℃ の高温で熱分解

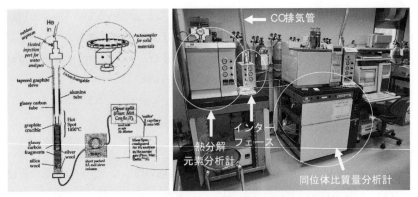

図 24 北海道大学低温科学研究所に導入された TCEA/IRMS 装置

するために適切な密閉容器がないことが、研究のボトルネックになっていたが、発生したガスを密閉せずオンラインで同位体比質量分析計に送り込むという方法が、その問題を解決したのである。もちろん縦型の反応炉についても、1400℃ の高温にするには、それなりの材質が求められるが、密閉する必要がないのであれば、セラミック管やグラファイト管のような実験室内で溶断加工が不可能な素材であっても、十分に目的は達せられる。そのような過程を経て、第1章4節で述べたように、2000 年に年輪セルロースの酸素同位体比の測定に応用可能な熱分解元素分析計と同位体比質量分析計のオンライン装置が市販されることになり、私の居た北海道大学低温科学研究所では日本でほぼ初めて、首尾よくこの装置の購入ができることになった（図 24）。

世界中で一気に研究が始まる

　有機物の酸素同位体比が簡単に測れるというこの装置のメリットを最も有効に生かせるのが、年輪セルロースを用いた気候復元や年代決定の研究である。その背景には、年輪の研究では膨大な数のサンプルを分析せねばならないという事実があるが、そこにはもう一つの理由として、第3章1節で説明したように、「セルロースの酸素同位体比は、一旦生成されたら変化しない。つまり、セルロース生成時の同位体比を保持している」という重要な事実があった。こ

のことは裏を返せば、通常の有機分子の場合、その中に含まれる酸素は必ずしも安定ではなく、試験管内での分子の抽出などの際に周囲の水と交換する可能性があることを意味している。実際、栄養食品にもよく含まれている脂肪酸やその化合物などの場合、その中に含まれる C＝O 結合の酸素は頻繁に水と交換するため、その酸素同位体比は測定してもあまり意味はない。それゆえ、せっかく開発されたこの装置は、交換性の酸素を持たないセルロースやデンプンなどの多糖類の測定だけに主に用いられることになり、分析化学的な応用対象は必ずしも広がらなかった。その結果、2000 年に開発された装置（サーモフィッシャーサイエンティフィック社の熱分解元素分析計 TCEA）はその後約 20 年間もモデルチェンジされなかった。

　このように分析化学的汎用性という意味では、この熱分解法による有機物の酸素同位体比の測定の広がりは小さかったが、年輪の研究では 21 世紀になって世界中に広がっていった。特に従来の年輪幅を用いた気候復元や年代決定にさまざまな困難を抱えていた、日本を含む東アジアの温暖湿潤地域や中南米や東南アジアの熱帯・亜熱帯地域、イギリスなどの海洋性の地域等々において、その浸透と成果は目覚ましかった（Nakatsuka et al. 2004、Li et al. 2011、Xu et al. 2011、Sano et al. 2012・2013 など）。このことは、20 世紀のうちは年輪研究において酸素同位体比よりも頻繁に測定されていた水素同位体比が、21 世紀になるとほとんど測定されなくなってしまったことにも表れている。第 3 章 1 節で紹介したように、セルロースの中にも交換性の部位が含まれ、ニトロ化などの煩雑な処理が必要な水素同位体比と比べると、酸素同位体比の方がはるかに簡単に測定できる対象となったからである。

　一方で、もともと年輪幅の測定によって気候復元や年代決定に十分な成果を上げていた年輪研究の本拠地、すなわちヨーロッパ大陸の北部やシベリアなどの寒冷地、米国南西部などの乾燥地では、年輪セルロース酸素同位体比の分析は、必ずしも浸透しなかった。その理由は、年輪幅の方が、酸素同位体比よりもはるかに簡便かつ安価に測定できるということに加えて、セルロースの同位体比の測定には「セルロースのガス化」というステップの前に、もう一つの大

きなハードル、すなわち「年輪からのセルロースの抽出」という面倒な工程が
横たわっていたからである。この工程をいかに簡略かつ精度の高いものにする
かが、熱分解元素分析計と同位体比質量分析計のオンライン装置を手にした後
の最大の課題となった。

3. セルロース抽出という障壁

効率の悪かったセルロース抽出

　年輪の酸素同位体比を分析するためには、通常、セルロースを抽出しなくて
はならない。特に埋没中の微生物による劣化によって化学組成が大きく変化し
てしまうことのある遺跡出土材の場合、木材を処理せずにそのまま測定する
と、得られる同位体比は組成の変化の影響を強く受けてしまい、気候復元にも
年代決定にも大きな支障が出てくる。世界中で気候変動の解析のために測られ
ている現生木の場合でも、セルロースの酸素同位体比は木材全体の値と大きく
異なるので、異なる樹種間・地点間での同位体比の比較などを行うためには、
酸素同位体比の測定の前にセルロースの抽出を行っておくことが必要である。
問題は、それが大変面倒で、しばしば測定精度の低下を招くものであったとい
うことである。

　年輪からのセルロースの抽出は、従来、概ね以下のような方法で行われてき
た。まず棒状や板状になった木材から年輪の年層を1年分ずつ、精密ナイフで
切り出す。切り出した年輪のブロックは、そのままでは大きすぎて、効率よく
化学反応が起きないので、ブロックを粉末化する、もしくはさらにナイフで薄
片化する。そうして作られた木材の粉末もしくは薄片群を、1年分ずつ反応容
器に入れて、多段階からなる化学処理に供する。化学処理には、樹脂を洗浄す
るための有機溶媒、リグニンを分解するための亜塩素酸溶液、リグニン分解物
とヘミセルロースを除去するための強アルカリ溶液、反応後に試料を中和する
ための弱酸溶液と純水など、数種類のものがあり、それぞれの溶液による反応

は、各工程の反応が完了するまで、通常、数回ずつ繰り返すことになる。その都度、反応容器に溶液を入れて全体を加熱し、時間をかけて反応させたのち、微細な粉末や薄片状の試料を、溶液から遠心分離やろ過などの方法で分離して、溶液だけを捨てて、さらに次の反応を続ける。そうした工程を、年輪の数に合わせて何百個にもなる反応容器のすべてに対して、10〜20 回も繰り返すというのは、どのように作業を効率化しても、まさに気の遠くなるような仕事であった（Loader et al. 1997 など）。

　その結果、例えば 300 個の年輪、つまり 300 年の年層を持つ木材試料からセルロースを抽出するためには、一人の研究者がかかりきりになっても 2 か月程度はかかるのが普通であった。しかも、何回も何回も溶液中での反応と溶液からの分離を繰り返しているうちに、粉末もしくは薄片化した試料はどんどん少なくなってしまうし、逆に外から埃などの異物が混入しても見分けがつかないという懸念が付きまとっていた。ご存じのようにハウスダストの大部分は衣服などから放出される繊維片であり、その多くは綿糸などからなるセルロースだからである。一方で、年輪研究に適した木曽ヒノキや屋久スギなどの年輪数の多い試料に含まれる年輪は著しく狭いことが多く、年輪幅にして 0.1 mm 程度になることも多い。こうした試料の場合、そもそも硬い木材から狭い年輪を年輪境界に沿って正確に切り出すこと自体が、ほとんど不可能であるが、もしもそれに成功したとしても、反応の過程で試料が滅失、もしくは不純物が混入してしまう可能性は極めて高く、現実的に研究の対象にはならなかったのである。

　こうした作業の煩雑さ、不確かさは、年代決定や気候復元へのセルロース酸素同位体比の活用を望む研究者のモチベーションを下げる。それゆえ一握りの研究者が多数の学生やテクニシャンを使役できる一部の研究室でないと、研究の継続性が望めなかった。そのため、私たちの研究室では、2000 年の研究開始以来、いかにしてこのセルロース抽出の工程を簡略化・高精度化するかということに、約 10 年の試行錯誤を続けていた。

プール法という世界標準の方法

　年輪セルロースの酸素同位体比の研究を語る上で避けて通れないのが、世界中の多くの研究室で広く使われていた「プール法」の問題である。欧米の多くの年輪年代学の研究室では、セルロース酸素同位体比を測定するときに、多数の樹木から切り出した木材の同じ年代の年層を混ぜ合わせて、つまりプールして一つの試料とし、そこからセルロースを抽出して酸素同位体比を測定することが広く行われてきた（Szymczak et al. 2012）。もちろんその前提として、あらかじめ年輪幅などを使った年輪年代法により、各個体のすべての年輪の年代が正確にわかっている必要があり、酸素同位体比はその研究の蓄積の上に気候変動の復元のためのデータとして付加的に取得することが想定されてきたのである。

　これは、年輪幅という比較的簡単に測定できるデータの基盤の上に発達してきた樹木年輪の研究では、「気候変動の復元などを行うにあたり、できるだけ多くの樹木個体から得られたデータを用いるべきである」という暗黙の了解に基づいている。とはいえ、上述のようにセルロースの抽出とその酸素同位体比の測定は、年輪幅の測定とは比べ物にならないくらい面倒なので、年輪幅と同じようにたくさんの樹木個体のデータを出して平均するというのは、とても大変である。また作業工程が大変であるだけでなく、最後の酸素同位体比の測定についても、自ら同位体比質量分析計を保持せず他の研究室や分析会社に測定を依頼する場合は、1試料あたり千円以上の料金を請求されるのが普通である。例えば、異なる10個体について百年分の年輪セルロースの酸素同位体比を測定すれば、百万円以上の経費がかかってしまう。この点、多数の個体間で同じ年の年輪をあらかじめ混ぜ合わせてから、セルロースの抽出をすれば、セルロース抽出の手間も大幅に減らせるし、同時に測定の際のコストも減らせるという訳である。最後にデータの数字を平均するのであれば、最初にサンプルを混ぜてしまえばよいという、ある意味でコロンブスの卵のような画期的な発想であり、欧米の年輪年代学の研究室では当然の方法として受け入れられていった。

　しかし少し考えればわかることだが、このプール法にはいくつかの本質的な問題がある。第一に、年輪幅などを用いてすべての樹木年輪の年代が完璧に決定されていない限り、同じ年の年層を測定前に混ぜることなどはできない。本書で議論しているように酸素同位体比を測定する目的が年輪年代の決定にある場合、それは本末転倒であり、全くできない相談である。第二に、たとえ年代決定ができていて、酸素同位体比の測定の目的が気候復元だけだったとしても、年輪幅による年代決定が一年でもずれていたら、すべてが破綻してしまう。極めてリスクが大きな方法なのである。第三に、そうした問題がない場合でも、個体間で年輪幅の変動パターンは完全には一致しないので、年層の重量を個体間で完全に同じにすることはできず、事前に試料を混ぜ合わせて酸素同位体比を測った結果は、個別に測定して後から数値を平均した結果と正確に一致することはない。つまり何らかのずれは必ず生じてしまう。第四に、実は一番深刻なことは、同じ地域に生えている同じ樹種の樹木であっても、その年輪幅や酸素同位体比は、絶対値が個体間でしばしば大きく異なり、また樹齢の経過とともに大きな長期変化が生じる、ということである。こうした効果を含んだ年輪のデータを異なる個体間で平均する際には、特定の個体のサンプルが加入・退去する年代において不自然なデータのジャンプが生じてしまうので、あらかじめデータの長期トレンドを個体ごとに除去したり、平均値を個体間で一致させたりする操作が必要になる。年輪幅の場合は、こうした操作が恒常的に行われる一方で、プール法で測った酸素同位体比の場合は、そうした操作が一切できないので、データの不自然な挙動を認識して排除することができないという致命的な問題が起こる。

必須条件としての技術革新

　上記の第四の問題に、プール法を使って対処するための唯一の方法は、できるだけ多くの個体（10 個体以上）から得られた試料を混ぜ合わせるということであった（Loader et al. 2013）。しかし、弥生時代や古墳時代から得られる数少ないヒノキやスギの木材試料から年輪酸素同位体比の信頼できる標準年輪

曲線を求める際には、たとえ年輪幅に基づいて年輪年代があらかじめ決定でき
ていたとしても、こうした多数の個体の年輪試料をプールするという戦略は、
必要な個数の資料が見つけられないという意味で不合理なものであった。

　そもそも出土材の年代決定を目的とした酸素同位体比年輪年代法の研究で
は、その年輪年代はわからないのが前提である。それゆえ、プール法などは初
めから利用できず、個体ごと（資料ごと）に含まれるすべての年輪からセルロ
ースを抽出して、その酸素同位体比を一つひとつ測定する必要がある。それゆ
え、酸素同位体比年輪年代法の実用化に向けて、この分析手法の効率化、特に
セルロース抽出工程の簡略化は、最大の課題であった。そのためには圧倒的な
技術革新が必要であったが、酸素同位体比年輪年代法の実用化に向けた科研費
の予算申請の直前の 2010 年 9 月に至っても、暗中模索が続いていた。その暗
闇に突然光が差したのは、2010 年 10 月のことである。

4.「板ごとセルロース抽出法」の登場

セルロース均質化へのこだわり

　セルロース抽出工程のブレークスルーは、完全な逆転の発想から生まれた。
その直前の 2010 年の夏に検討していた分析手法上の課題は、個別の年輪試料
からのセルロース抽出の際に、いかに試料を徹底的に破壊してバラバラにでき
るかということであった。この当時用いていたのは、木材をセルロース繊維の
方向に直角な（木口面に沿った）1 mm の厚さの薄板にして、年輪境界に沿っ
て年輪試料を切り出した後で、年ごとにセルロースを抽出するという方法であ
ったが、セルロース抽出後に試料を完全に粉砕して均質にするのが、結構手間
のかかる難しい工程であった。各年層から抽出したセルロースをすべて酸素同
位体比の分析に供するのであれば内部の均質性は問題にならないが、実際には
試料の一部を秤量して分析装置にかけるので、セルロース試料が均質になって
いないとデータにバラつきが生じてしまうからである。2010 年 9 月当時は、

この均質化の手間を省くために、セルロースの化学的な抽出の際に試料中のセルロース繊維が完全にバラバラになるように、強力な超音波をかけたり、反応容器一つひとつの中に磁石でできた攪拌子を入れたりと、あの手この手の方策を講じていたが、どうしても板状のセルロースのブロックが一部残ってしまうという問題に悩まされていた。

抽出と分割の順序の反転

　セルロース抽出過程での繊維の完全粉砕がうまく行かず頭を抱えていたときに、全く逆の方法が頭にひらめいた。セルロース繊維をバラバラにするのとは反対に、木材の薄板が板の形状を保ったままでセルロースになるように、一切物理的な力をかけずに化学処理をしたらどうなるだろうか、という発想である。もちろん年輪を一つずつ切り出した後でセルロースを抽出する従来のやり方では、板の形状が最後まで残ることは、その後の粉砕の作業を面倒にするだけなので、何のメリットもない。しかし何十年もの年輪が含まれた大きな薄板を、その板の形のままで化学処理できるとしたら、板の形状が破壊されず、きれいに残っていればいるほど良い、ということに気が付いたのである。つまり、「木材薄板からの年輪の精密ナイフによる分割」の次に「年輪からのセルロースの抽出」を行っていた従来の工程の順番を入れ替えて、「木材薄板からのセルロースの抽出」の次に「セルロース化した薄板からの年輪の精密ナイフによる分割」をするように、作業工程の順番をひっくり返すことを考え付いたのである（図25）。

　もしも、それが可能になれば、さまざまなメリットが想定できた。第一に、セルロース抽出のための化学処理のサンプル数が、実質的に数十分の一に減る。第二に、木材の粉末や微細な薄片を処理するときとは違い、木材の薄板の入った試験管から反応溶液を分離する際には、遠心分離やろ過などの面倒な工程は必要とせず、ただ試験管を傾けて溶液を捨てるだけでよい。その結果、作業時間が大幅に短縮するだけでなく、試料のロスもなくなる。第三に、セルロース化した薄板はもともとの木材とは違って非常に柔らかく、年輪境界に精密

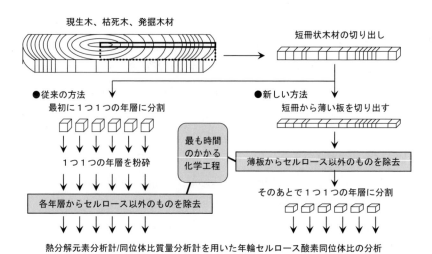

現生木、枯死木、発掘木材　　　短冊状木材の切り出し

●従来の方法　　　　　　　　　　●新しい方法
最初に1つ1つの年層に分割　　　短冊から薄い板を切り出す

最も時間
のかかる
化学工程

1つ1つの年層を粉砕　　　　　　薄板からセルロース以外のものを除去

各年層からセルロース以外のものを除去　　　そのあとで1つ1つの年層に分割

熱分解元素分析計/同位体比質量分析計を用いた年輪セルロース酸素同位体比の分析

図25　板ごとセルロース抽出（新しい方法）の概念図（2010年に書いた科研費・基盤
研究A「酸素同位体比を用いた新しい木材年輪年代法の開発とその考古学的応用」申
請書より）

ナイフを当てるだけで、繊維の方向、すなわち年輪面に沿って、年層を簡単か
つ正確に剥離することができる。第四に、酸素同位体比分析のための試料作製
の最後の段階まで顕微鏡下でセルロース化した年層の状態を目視できるので、
試料中に埃などの不純物が含まれていないことを確認しながら、年層の全体を
代表する長方形のセルロース片を確実に切る取ることができる。実際、最後に
切り出した各年層のセルロース片は、秤量後、そのまま銀箔に包んで、熱分解
元素分析計＋同位体比質量分析計にかけるので、正確かつ汚染のないサンプリ
ングが可能になる。こうしたさまざまなメリットへの展望が、一気に頭の中に
浮かんできた。

「板ごとセルロース抽出法」の開発

　そのアイデアを試してみたところ、実際にうまく行った。薄板は板の形状を
保ったままセルロースになったのである。もっとも、どんなに慎重に作業して
も、試料を洗浄する最後の過程で、薄板がいくつかの断片にバラバラになって

しまうので、セルロース化した後でセルロースの断片を並べなおすジグソーパズルを解くような作業が、その後延々と続いた。しかし、この方法の革新性への認識を共有した森林総合研究所の香川聡氏によって、「化学処理の前に木材薄板の試料を、表面に無数の小さな穴が開いたテフロンのシート 2 枚の間に挟む」という画期的な方式が提案され、化学処理の後で試料がバラバラになるという問題が最終的に克服でき、この方法は完成をみた。2011 年のことである（Kagawa et al. 2015）。

　もとより、セルロースは繊維状の分子であり、セルロースだけになった薄板が板の形状を保ったままでいるはずがない、という先入観があったので、こうした方法を試す研究者は世界に誰もいなかったが、当時、セルロース繊維の粉砕がうまく行かず、固形のセルロースの集合体が残されることに悩んでいたからこそ、このような逆転の発想にたどり着いた。

　実際には、この方法の完成にはもう一人大きな功労者がいる。2010 年 10 月にこの方法が頭にひらめいたときに、名古屋大学の私たちの研究室に、東北大学から修士課程 2 年の大学院生が実験方法の相談に訪れていた。修士論文の執筆を始める 12 月までの 2 か月の間に 800 年分の年輪をセルロースにして、その同位体比を測定したいという。それまでの私たちの技術では毎日朝から晩まで働いても 800 年輪の年層をセルロースにするには半年近く時間がかかると考えていたので、「それは無理」と即座に答えたが、「もしも新しい方法にチャレンジする気があるのなら、可能性はある」ということも併せて説明した。もちろん、その修士 2 年の院生はチャレンジを快諾して、自ら新しい実験方法の開発の先頭に立ち、その 2 か月後には見事にサンプルをすべて完成させた。まさに「必要は発明の母」であった。

圧倒的な分析速度と精度の確保

　この木材の薄板を板のままセルロースにする、通称「板ごと抽出法」の登場によって、前述の当初の想定（第一から第四まで）の通り、さまざまな面でセルロース抽出の効率と精度が驚異的に改善され、それ以前の方法に比べて数十

図26 顕微鏡下での木曽ヒノキの年輪セルロースの剥離。年輪境界にはもともと亀裂があるので、この写真の「厚みが0.1 mmの眼科手術用ナイフ」を使えば、最狭0.1 mm幅の年輪も正確に切り出せる。(写真は李貞氏提供)

倍の速さで正確に年輪セルロースの試料を作成できるようになった。それは、私たちの研究室における年輪セルロース酸素同位体比の研究のレベルを飛躍的に高めた。特に古気候の復元や標準年輪曲線の作製のために不可欠な、年輪数の多い、しかし年輪幅の極めて狭い木曽ヒノキなどの年輪からのセルロースの抽出において、この「板ごと抽出法」は大きな効果を発揮した。図26は、セルロース化した厚さ1 mmの木材薄板から、顕微鏡下で幅0.1 mm以下の極めて狭い年層を確実に剥離するところを写している。作業に用いているナイフは眼科手術用のナイフであり、厚みが0.1 mmしかなく、手で触れただけで刃先が曲がってしまうほど繊細なものである。当然、セルロース化する前の木材自体をこのナイフで切ることはできないが、セルロース化した試料であれば、極めて正確にセルロース繊維の方向、すなわち年輪境界に沿って、年層が剥離できる。こうした技術は、「板ごと抽出法」とセットで開発されたものである。

日本が世界で突出する契機に

この「板ごと抽出法」の登場によって、日本における年輪セルロース酸素同位体比の研究が一気に世界で突出する状況が生まれた。2010年にこの方法を考案してから、本書の執筆の段階まで10年が過ぎ、国際誌にその手法と効果を事細かに発表してからも5年が経っているが、幸か不幸か、世界では未だこの手法は十分に普及しておらず、年輪酸素同位体比の研究において、日本が圧倒的に世界をリードしている状況には変わりない。

　なぜ、「板ごと抽出法」は世界で必ずしも普及していないのか。第一に、本来繊維であるはずのセルロースが、抽出後にもバラバラにならないことの不思議があると思われる。実際にやってみれば「案ずるよりも生むがやすし」であるが、欧米や中国では、研究者自らは手を動かさず、技術補佐員や学生に実験をすべて任せてしまう研究室が多い。そのようなところでは、研究者自身は旧来のセルロース抽出の煩雑な工程に苦労しておらず、板ごと抽出法の成否を自らの目で確認することもできないので、技術革新へのインセンティブが湧きにくいものと思われる。

　第二に、板ごと抽出法によって莫大な数のセルロースサンプルを短時間に作成できるようになっても、それを測定するための依頼分析の経費や高速運転が可能な自前の分析装置を用意できなければ、サンプルが溜まるだけで意味はない。私たちの研究室では熱分解元素分析計と同位体比質量分析計のオンライン装置を現在 2 台並列で運用しており、それらの装置をフル回転させれば、原理的には 1 日あたり 400 個の年輪セルロースのサンプルを測定できる。しかし欧米の通常の研究室の装置では、1 週間あたり 200 個の分析が限度という状況であり、ここでも 10 倍程度の分析速度の差がある。その背景には、分析装置の昼夜・連続・長期運転を可能にした私たちの研究室での大小さまざまな技術革新（オートサンプラーを密閉容器で覆って空気の混入を防ぎ多数のサンプルの終夜自動分析を可能にしたことや、試料を包む銀カプセルを薄い銀箔に替えたことで銀が炉の中で積み上がるスピードを遅くして千個近い試料の連続分析を可能にしたことなど）があり、その多くの技術は海外の研究室では未だ利用されていない。また私たちの研究室における分析コストは 1 サンプルあたり、装置の減価償却費や測定の人件費など依頼分析の場合は必ず加算される経費を除けば、10 円か 20 円のオーダーであって、測定コストも諸外国の状況と比べると百分の一のレベルである。

　これら二つの要因が合わさった結果、まさに日本の一人勝ちのような状況が生まれた。しかし、それは必ずしも日本の年輪年代学の大発展にはつながらなかった。本節の最後にそのことについて、少し触れておきたい。

　国際水準をはるかに凌駕するデータ生産体制を確立したのち、私たちの研究室では年輪セルロース酸素同位体比の研究を、次章以降に示す三つの方向を目指して同時に進めた。一つ目は、第7章で示す世界でも類例のない過去数千年間に及ぶ年輪セルロース酸素同位体比の標準年輪曲線の構築。その際には分析体制の高度化とともに、現生木や自然埋没木に加えて、遺跡出土材や建築古材の利用など、日本全国の埋蔵文化財調査関係者の皆さんの協力が基礎となっている。二つ目は、第6章で示すこの標準年輪曲線を用いたさまざまな遺跡出土材や古建築物の年輪年代の決定。そうした試料はほぼ無限にあり、次節にも示すように化学的に劣化した出土材から確実にセルロースを抽出できる手法の開発のお陰で、針葉樹と広葉樹の違いを問わず膨大な数の遺跡・遺物の年代決定への応用が進んできた。三つ目は、さまざまな時代のさまざまな種類の木材群、近現代であれば多数の現生木を用いた過去の気候変動の復元。その中では第7章に示すように、セルロースの酸素と水素の同位体比を組み合わせて、気候の長周期変動を明らかにする方法も開発した。こうした研究は、すべて世界でも突出した年輪セルロース酸素同位体比の生産体制を前提にしている。

　データの急速な蓄積は、確実に前例のない成果を生んだが、同時に多くの困難ももたらした。第一に、データの生産速度が違いすぎるために、年輪年代学の先進地域であった欧米の研究コミュニティとの間で、議論がかみ合わなくなったということ。例えば前節で触れたプール法などは、私たちにとっては、いまや過去の悪癖に過ぎないが、それを前提に研究している世界の多くの研究者にとっては、私たちの研究は単に脅威でしかない。第二に、その結果、論文や研究発表が国際誌や国際会議で評価されにくくなったということ。もちろん、圧倒的なデータの生産速度によって研究の最前線に立てることは、研究者として無上の喜びであるが、誰もやったことのない議論を孤立無援で進めることは、よほどの研究力量がないと難しい。その結果、データ生産力の飛躍的向上に対応した未だかつてない議論に国際的な認知を得ることへの悪戦苦闘が続いてきた。第三に、そうした中で理系の若手研究者を育てることが、難しくなってきたということ。もっとも、膨大に産出したデータを小分けにして、欧米の

標準的な研究の少し先を行く論文を要領よく書き続ければ、データの質や量は保証できているので、たくさんの論文を通すこともできる。しかし、そのように要領のよい若手研究者ばかりではないので、まじめに膨大なデータセットに向き合う中で、多くの若手研究者は自らの行方を見失うような事態にも陥ってきたように思われる。

　分析技術の革新によってもたらされた研究の発展の可能性を、本質的かつ確実なものにしていくためには、第7，8章でも述べるように、年輪セルロース酸素同位体比のデータを、年輪年代の決定や気候変動の復元に利用するだけでなく、より広範な自然と人間の歴史の解明、そしてその知見を現代社会が抱えるさまざまな問題の解決へと応用していく総合的な取り組みの中に、生かしていくことが必要であると考えている。年輪酸素同位体比のデータを、国内外の多くの研究者との共同研究の枠組みの中に位置づけていくことで、徐々にそうした取り組みを深化させていきたい。

5.　遺跡出土材の特殊性と新たな挑戦

長期間埋没していた木材の状況

　多数の年輪を含む木材から繊維の方向に直角な面、すなわち木口面に沿って薄い板を切り出して、そのまま化学処理をしてセルロース化するという「板ごとセルロース抽出法」の開発によって、2011 年には年輪セルロースの酸素同位体比を気候復元や年代決定に広範に利用していく体制が整ったが、実際に遺跡から出土した木材にこの方法を適用しようとすると、大きな壁に突き当たった。それは主に二つの問題に由来する。第一に、木材を厚さ 1 mm の薄い板に切り出している間に、劣化が進んだ出土材は、しばしばバラバラになってしまうのである。私たちは、木材から薄板をスライスする際に、ダイヤモンドホイールソーという専用の装置を使っているが、切断の最後の段階になると切り出した薄板が四分五裂してしまう。第二に、何とかして板の形状を保ったまま薄

板を化学処理に供しても、褐色腐朽菌などの微生物によるセルロースの選択的な分解が進んだ出土材の場合は、化学処理の後で、ほとんど何も残らない場合がある。前者は、物理的な問題なので、工夫をすれば解決できる問題に思われたが、後者は、出土材の中に「セルロースが残っていない」という本質的な問題である可能性があったので、非常に深刻な問題であった。

初期の頃の出土材への応用事例

その結果、2011 年から 2015 年までの間、すなわち酸素同位体比年輪年代法の出土材への応用を私たちの研究室で始めた初期の頃には、遺跡出土材からセルロースを抽出して年層ごとの切り分けに成功する確率は、古墳時代の木材で 5 割程度、弥生時代の木材なら 2 割、縄文時代の木材ならほぼゼロというような状況が続いていた。つまり、年代決定の理論と迅速な分析手法を開発して、実際の出土材の年輪年代決定への応用を勇んで開始した途端、現実の大きな壁に直面してしまった訳である。

そうした中で、前述の第一の問題への対処も継続的に進めていたが、第二の問題の方がより深刻な問題であることは、明らかであった。肝心のセルロースが試料の中に残っていなければ、セルロースの酸素同位体比の分析ができないことは自明だからである。しかし、この点でのかすかな光明は、いかに劣化が進んで柔らかくなってしまった出土材の場合でも、化学処理を行うと何らかの少量の白い物質は必ず残るという事実であった。もっともそうした白い物質は乾燥の過程で細い糸状になってしまっていて、年輪を見分けることは不可能であることが多く、そこから年層を切り出すことはできなかったが、何らかの改良した方法で年輪の形状を保ったまま白い物体を回収して、その酸素同位体比を測定し、そのデータを酸素同位体比の標準年輪曲線と比較することができれば、それが本当にセルロースなのかどうかも含めて、実践的に検討できる可能性があることを示していた。以下に示す分析手法の改良の結果、わかったことを結論から言うと、それはセルロースであり、生成時のもともとの酸素同位体比の情報を保持していた。ただ、劣化が進んでいたためもともとの強固な繊維

が崩れて、半ばフィルム状のものに変質していただけだったのである。

劣化を防ぐ木材の保存法

　ここではまず、多くの埋蔵文化財調査関係者の方々に本書を読んでいただいているであろうことを前提に、酸素同位体比年輪年代法への応用を展望して、出土直後からどのように木材を保存することが望ましいか、その方法について解説しよう。

　一般に、木材は地面の下に埋没すると、土の中の小動物や微生物の働きにより速やかに分解して消失していく。それゆえ、通常の遺跡発掘現場では、土器や石器などが出土しても木器が出土することは少ない。しかしそこには、低湿地遺跡という例外がある。都市や水田地帯などが広がる沖積平野のもともと低湿地だった場所では、地下に木器が腐らずに残っていることが多い。そこでは地下水位が高く、地表面下の土壌は常時水の中に漬かっており、大気からは完全に遮断されている。もともと水の中には酸素は溶け込みにくいことから、水漬けの状態の木材は、小動物や微生物による分解が抑制されて腐りにくいのである。しかし、長い間、地面の下で水に漬かっていると、木材の強い構造を支えていたセルロース繊維の分解によって、その物理的、化学的な劣化が進み、地面の下から取り出した直後は元の形状を保っていた木器が、その乾燥とともに急激に変形していく。これは、特に広葉樹の木材において普遍的に見られる現象である。そのため遺跡発掘の現場では、木器が出土すると乾燥を防ぐために、コンテナに水を張ってその中に沈めたりして、木器の形状が変形しないように留意されている。その後、重要な木器については、木材に浸透した水分を別の樹脂などに置き換えて変形を防ぐ、いわゆる保存処理が施されて博物館などでの展示が可能な状態にされるが、大部分の木器や出土自然木などは、保存処理が施されることもなく、廃棄処分されなかった場合でも、発掘現場の状況によっては何年も何十年も大きな水槽の中に木器がずっと沈められたままになっているケースも多い。

　年輪セルロースの酸素同位体比を測定するという目的から言うと、水漬けの

まま放置されることには一長一短がある。乾燥するに任せて放置してしまう
と、出土材は年輪の形状がわからなくなるほど変形してしまうことが多いの
で、もちろん緊急避難的に水漬けするのは必須である。しかし水槽などの水に
漬けたままで何年も放置すると、地中とは違って一旦空気に触れて十分に酸素
を吸っているので、急速に分解が進んでしまい、木材が外側からヌルヌルの状
態に融けていくような様相を呈してしまうことが多い。微生物による分解を遅
らせるためには、水槽の水を定期的に入れ替えることも重要であるが、それす
ら行われていないと、早晩木材は分析できない状態になってしまう。

　関連して、よく埋蔵文化財発掘担当者の方から、「ポリエチレングリコール
（PEG）などによる保存処理を施した木材でも、酸素同位体比は測れるのか」
という質問を受けることがあるが、実は遺跡出土材については、PEGなどに
よる保存処理をすることが、一番、酸素同位体比の分析には適している。PEG
には酸素が含まれているので、それによる汚染（コンタミネーション）を懸念
する方が多いが、実際にはPEGはセルロースの化学的な抽出過程でほぼ完全
に除去できるし、その後に微量のPEGが残存していても木材の主成分である
セルロースと比べれば、全く問題にならない量しか残らないので、年輪酸素同
位体比の相対的な変動パターンには大きな影響を与えない。この点、^{14}Cの絶
対濃度を測定しなければならない放射性炭素年代測定の場合は、^{14}Cを含まな
い化石燃料起源のPEGがほんの少しでも残っていると測定値に影響するの
で、PEG処理した木材は測定できないが、セルロース酸素同位体比の場合
は、むしろ木材の劣化を防ぐという意味で好都合なのである。

劣化材からの新しいセルロース抽出法

　もちろん水漬けの場合でも、すぐに測定すれば劣化の進行を気にすることは
ないので、セルロース酸素同位体比は、出土後、できるだけ早く測定すること
が望ましい。以下は、出土した時点で、すでに長い間地面の下で水に漬かって
いたことで、劣化が進行してしまっている木材の処理方法について述べる。そ
のような木材から、いかに年輪の形状を保ったままでセルロースを抽出する

か、すなわち薄い板状にした木材を、いかに大きく変形させずにセルロースだけの板に変えるかが課題であった。

　最初に遺跡出土材の分析に取り組み始めたときには、現生木の年輪と同じ処理を施していたが、それだとセルロース抽出後の最後の試料の加熱乾燥の際に、もともとは板状だった木材が白いひものようなものに変わり果ててしまうということは、先に書いた通りである。この白いひものようなものが、果たしてセルロースなのかどうか、その酸素同位体比が、果たして元のセルロースの同位体比の情報を保持しているのかが、問題であった。劣化した木材を、形状を保ったままセルロースだけからなる板に変えるためには、化学処理の間、物理的な刺激をできるだけ控えることが、まず重要であるが、その上でさらに、乾燥時の過度な収縮を抑える必要があった。それには、私たちの科研費の研究グループのメンバーである福島大学の木村勝彦氏が考案した簡易的な凍結乾燥のアイデアが、功を奏した。

　凍結乾燥（フリーズドライ）は水分を含んだ柔らかい物体を変形させずに乾燥させる食品などでお馴染みの優れた方法である。しかし通常の凍結乾燥では、試料を冷凍させた状態のまま真空下に長時間置かねばならないために装置の操作が難しく、運転のコストもかかる。私たちが採用した簡易凍結乾燥は、セルロース抽出が終わって中和・洗浄した濡れた試料を、先述のテフロンパンチシートに挟んだまま試験管ごとタッパーに入れ、冷凍庫（ディープフリーザー）の中で急速に凍結させたのち、やはり同じ温度の冷凍庫の別のタッパーの中に入れて冷やしておいた大量のシリカゲル（吸湿材）を、この試験管とタッパーの中に充填してからタッパーの蓋を閉め、再び冷凍庫の中で一晩放置し、凍結状態のまま徐々に乾燥させるという方法である（図27）。常圧で乾燥させることができるので、真空ポンプも不要であり、家庭用の冷凍庫とタッパーがあれば実行できる。図28は、この方法で年輪の形状を保ったまま回収することに成功した劣化出土材のセルロース板である（大阪府池島・福万寺遺跡から出土した弥生時代後期の水田の杭材）。セルロースの劣化が進んでいるため、もともとの木材の薄板と比べてかなり収縮しているが、年輪の形状を完全に保

図27　簡易凍結乾燥の手順（a：テフロンパンチシートに挟みセルロース化して中和洗浄した薄板、b：タッパーに入れて試験管ごと凍結、c：凍結後に冷凍庫の中で冷やしたシリカゲルを充塡、d：冷凍庫で一晩放置してから取り出す）

ったままきれいに収縮しているので、年輪の切り分けは容易であり、その酸素同位体比の変動パターンは、年代が既知の長野県の木曽ヒノキから得られた弥生時代の年輪セルロース酸素同位体比の標準年輪曲線と完璧に合致していて、年輪年代が正確に決定できた。ここで重要なことは、木材が劣化してセルロースの残存量が少なくなっていても、その酸素同位体比は、もともとの年輪セルロース酸素同位体比を保持しているという事実である。セルロースは、やはりそれ自体が消失してしまわない限り、酸素同位体比の情報を失わないのである。

　劣化した出土材からの「板ごとセルロース抽出」に際しては、セルロースの残存量が減っていることから、収縮しても年輪ごとのセルロースの必要最低限の回収量を確保できるように、切り出す木材薄板の厚さを通常の１mmよりも厚くしたり、収縮してもよいように大判の試料を処理できる専用の反応容器を製作したりするなど、現在も日々工夫を重ねていて、常に改良の途上にある。

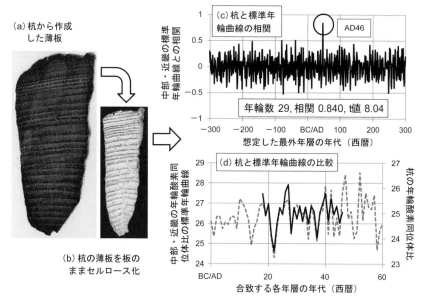

（a）杭から作成した薄板

（b）杭の薄板を板のままセルロース化

（c）杭と標準年輪曲線の相関

AD46

年輪数 29, 相関 0.840, t値 8.04

想定した最外年層の年代（西暦）

中部・近畿の標準年輪曲線との相関

（d）杭と標準年輪曲線の比較

合致する各年層の年代（西暦）

中部・近畿の年輪酸素同位体比の標準年輪曲線

杭の年輪酸素同位体比

図 28　劣化した出土材からのセルロースの抽出と酸素同位体比による年代決定（大阪府池島・福万寺遺跡の杭材 E10 の事例）。（井上ほか 2018）

板ごと抽出は劣化出土材に不可欠な方法

　実は、劣化出土材からの「板ごとセルロース抽出」が暗礁に乗り上げていた一時期、劣化材については、板ごと抽出法をあきらめて、従来の「1 年輪ごとに木材を切り分けてからセルロースを個別に抽出する方法」に戻ることを検討したことがある。セルロースの抽出と乾燥によって年輪の形状がわからなくなってしまう前の「年輪がよく見えるもともとの木材の状態のとき」に年輪を切り分けておこうという考えである。元の方法に戻るだけなので、当然、うまく行くと思っていたが、それは全く違っていた。

　劣化した出土材の中のセルロースは、酸素同位体比の情報を保持している一方で、その繊維の構造は、すでにズタズタになっている。こうした木材の年輪を通常のセルロース抽出の化学処理にかけると、リグニンやヘミセルロースが除去されてセルロースだけになった時点で、残されたセルロースはもはや繊維

ではなく、極細粒の微粒子の状態になる。板ごとセルロース抽出のときのように、木材に物理的な刺激を極力与えず化学処理をすれば、残された極細粒のセルロース分子は互いに癒着してフィルム状の物体になり、年輪の形状も保持されるが、逆に個別に切り分けた年輪を粉砕してバラバラにすることを前提にした従来の化学処理を行うと、極細粒となったセルロースは、細かすぎてフィルターに詰まってしまい、溶液中でも分散した状態になるため、もはやろ過でも遠心分離でも回収することはできなくなっていた。つまり板ごと抽出法は、劣化した遺跡出土材から年輪セルロースを抽出できる、唯一無二の方法だったのである。

出土材の板ごとセルロース抽出の手順

本章の最後に、劣化した遺跡出土材を念頭において、改めて、板ごとセルロース抽出の手順を示しておきたい。なお、木材の採取から年代の決定まで、「酸素同位体比年輪年代法の最初から最後までのすべての段取り」は次章で示す。また、試薬の配合割合や反応温度などの実際の実験プロトコルについては、巻末の付篇に詳細な手順を載せるので、自ら酸素同位体比年輪年代法を実行したい方々は、それを参考にしていただきたい。

劣化した出土材から板ごとセルロース抽出を行うために、木口面に沿った薄板を切り出すときには、切り出しの最中に薄板がバラバラに千切れてしまわないように、配慮が必要である。まず薄板を切り出すダイヤモンドホイールソーに、劣化出土材から切り出した木材ブロックをセットする前に、「劣化材のブロック」の木口面を丈夫な木の板に貼り付けて、さらに、そのブロックの周囲全体を丈夫な薄い板で囲う。そうすることで、羊羹のように柔らかい内側の出土材が、堅牢な外皮にあたる丈夫な木材で囲われた状態の薄板を切り出すことができる。劣化出土材のブロックと丈夫な板を互いに接着するためには、瞬間接着剤であるアロンアルフア・ゼリー状（東亞合成製）を用い、出土材は内部が濡れた状態のままで周囲の水分だけを拭き取って接着する。なお、アロンアルフアは速乾性であるだけでなく、後から有機溶剤（アセトン）で完全に除去

できるので、同位体比分析に全く影響しないという利点もある。同じ接着剤で
も、年輪研究でよく使われる木工ボンド（コニシ製）は、乾燥すると水でも有
機溶媒でも除去できないので、使わない方がよい。接着後、一晩置いて接着剤
が完全に乾いてから、その後の作業に移るが、接着剤の乾燥中も出土材は乾か
ないように、接着剤が付いた試料は底に水を張ったタッパーの中に入れて、蓋
を閉じた状態で乾燥させる。この段階で試料を乾燥させてしまったら、発掘後
ここまで水漬け保存してきた努力が水の泡になるからである。もちろん、すで
に PEG などで堅固に保存処理されている場合は、そうした配慮は不要であ
る。現生木と同様に、PEG で固まった木材のブロックを、そのままダイヤモ
ンドホイールソーでの切り出しに用いることができる。

　その後、ダイヤモンドホイールソーを使って、木口面に平行に厚さ 1 mm の
薄板を出土材から切り出し、その木材薄板の高解像度の画像をスキャナーで取
得する。第 5 章で議論するように、年輪年代法では年輪の認定をいかに正確に
行うかが、最も重要であり、セルロース抽出の前後で年輪の形状がどのように
変わったかを正確に認定できることが、この方法による年輪年代決定の成否を
分けるからである。この段階で、試料の中に何年分の年輪が含まれているか、
画像のプリントアウトの上で年輪境界を鉛筆でなぞりながら、認定した一つひ
とつの年層に番号を付記しておく。

　次に、その木材薄板を 2 枚のテフロンパンチシートに挟んだ状態で、平底の
試験管に挿入し、亜塩素酸ナトリウムの酢酸酸性溶液による「漂白」（リグニ
ンの分解）と水酸化ナトリウムの強アルカリ性溶液による「洗浄」（リグニン
分解物とヘミセルロースの除去）の連続的な化学処理に供する。アルカリによ
る洗浄が終わったら、純水と希塩酸溶液を使って、セルロース板に付着した水
酸化ナトリウムを除去して、最終的には中性にしたのち、上述の簡易凍結乾燥
法により、試料に含まれるすべての水分を、試料の形状の維持に細心の注意を
払いながら除去する。その後、再びセルロース板の高解像度の画像をスキャナ
ーで取得して、化学処理の前に得られた画像と比較して、これから切り分ける
べきセルロース化した年輪を、画像のプリントアウトの上で一つひとつ認定し

て番号を付ける。

　この後、いよいよ酸素同位体比年輪年代法の核心である「年輪セルロースの切り分け」の作業に移ることになるが、その前に、年輪年代法の根本原理である「年輪情報の経年変動のパターン照合」の意味と、それを支える諸々の条件について紹介しておきたい。

第5章　酸素同位体比を使った出土材の年輪年代決定

　人間にはヒトの顔を瞬時に見分ける能力があるが、同じ顔でもサルや
ウマの顔を見分けることは難しい。人間には、目や鼻、口といったヒト
の顔に特有の造作のパターンに特異的に反応する認知機能があるらし
い。年輪の幅やセルロース酸素同位体比の経年変動のパターンを、「年
代がわかったデータ」と「年代のわからないデータ」の間で比較してパ
ターンが一致する年代を探す年輪年代法も、基本的には同じパターン認
識の技術に基づいている。しかし二つの年輪の変動パターンが一致して
いるかどうかは、パッと見ただけではわからない。年輪はヒトの顔では
ないからである。それにはきちんとした手続きと数理統計学的な評価が
必要になる。本章では、その一連の流れを紹介する。

1.　年輪の認定がすべての基本

一番大事なのは年輪の数

　最近、遺跡の発掘現場で出土材を見つけた調査担当者の方々から、「遺跡か
ら大きな木材が出土したので、酸素同位体比を使って年輪年代を決めてほし
い」という依頼を受けることが多くなった。しかし「木材のサイズが大きけれ
ば、必ず年輪年代が決まる」というものではない。年輪年代決定の成否を規定
する条件は、まず何よりも年輪の数が多いことである。年輪の幅やセルロース
酸素同位体比のパターン照合を主な手段とする年輪年代法では、年輪数が10
年程度しかないと、年代既知の木材を使ってあらかじめ作っておいた長期にわ

たる年輪幅や酸素同位体比の標準年輪曲線（マスタークロノロジー）の上に、年代決定の対象となる木材の短いデータの変動パターンが偶然一致してしまう場所が何箇所も見つかってしまうので、精度の高い年代決定には至らない。しかし対象とする木材の年輪数が100年もあれば、標準年輪曲線の上でその全体が一致する場所は、年輪の認定を間違っていない限り、一箇所しか見つからないことが普通である。つまり年輪数が多ければ多いほど、精度の高い年代決定が可能になる。

　こうした事実を踏まえつつ、「大きい材であれば、たくさんの年輪が入っているに違いない」という暗黙の期待を抱くことは、大雑把な予測としては正しいが、実際にはクリのように早く大きくなる樹種の場合、直径50 cmもあるような大径木でも、実際に見てみると、年輪数が10年しかなかったということも珍しくはない。逆に直径10 cm程度の小径木でも、日当たりの悪いところで育った木であれば、100年以上の年輪が入っていることもある。木材を手に取って目を凝らして年輪を数えてみない限り、年代決定の成功の見通しは、大きさだけからではわからないのである。

樹種ごとに全く違う年輪の形状

　年輪の数が大事である以上、年代決定を依頼される前に、発掘現場の調査担当者の方が自ら年輪を数えて教えてくれれば、それが最もスムーズであるが、実際にはそれはそんなに簡単なことではない。まず年輪と一言で言っても、樹種ごとにその形状は全く異なっているからである（福島ほか編 2003）。図29に、その代表的なものを示す。

　広葉樹材の中では、木材の中で水を通す穴である「導管」を構成する細胞とその他の細胞の形状が全く異なるのに対して、針葉樹材の中では、すべての細胞が同質な水を通す「仮導管」の役割を果たしている（図29a, b）。それゆえ年層の境界を認定する際の決め手になるのは、広葉樹の場合は、導管の配列パターンであるのに対し、針葉樹の場合は、細胞の大きさの変化であって、全く異なっている。広葉樹の中には、大きな導管がまるで「年輪を切り分けるため

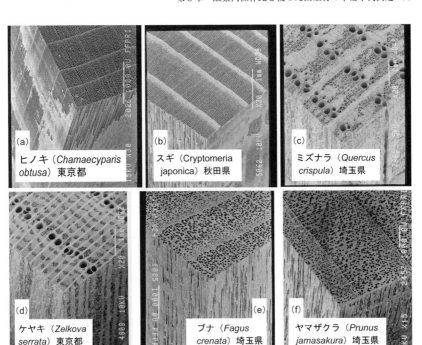

図 29　木材年輪の代表的な写真 (a, b：針葉樹、c, d：環孔材、e, f：散孔材)。(森林総合研究所・日本産木材データベース (走査電子顕微鏡画像より)。写真の中の白い線分は 1 mm の長さ。森林総合研究所提供)

の切り取り線」のように年層と年層の間に極めてわかりやすく配列している環孔材 (図 29c, d) がある一方で、導管が木材全体に一様に分布していて年輪の構造が極めてわかりにくい散孔材 (図 29e, f) があり、さらにその中でも、一つの年輪の内部の細かい導管の配列パターンがまるで無数の年輪のように見えてしまう材もある。こうした「年層内の年輪様構造」を形成する導管の配列は、それを横方向にたどっていくと、やがて消えてなくなる。それゆえ、導管の分布がよく見えるように木材断面をきれいに磨けば、それが年輪でないことはすぐにわかるが、それに気が付くまでは「年輪数が多い材が手に入った」とぬか喜びをすることになる。こうした木材も見慣れてくると、まるでヒトの顔を見分けるのと同じくらい、一目見ただけでパッと年輪の構造がわかるように

なる場合があるが、発掘調査員の方が現場で出土したばかりの「断面の不明瞭な木材」を見ているだけでは、年輪を数えるのは、実は至難の業なのである。

　もっとも、こうした多様な年輪の形状を持った多様な樹種の木材であっても、年輪セルロース酸素同位体比の経年変動のパターン自体は、年輪の認定が間違っていない限り、樹種の違いを越えて驚くほどよく一致する。そのメカニズムは、第3章に示した通りであり、同じ地域の樹木であれば、成長の季節、すなわち光合成の期間が樹種の違いを越えてほぼ同じであり、春から夏の気象条件の変化を同じように記録していることが、その背景にある。それゆえにこそ、年輪をきちんと見分けることが大事なのである。

意外と難しい年輪の認定

　年輪を正確に見分けて、「板ごと抽出法」でセルロースだけにした板から、年層を一つひとつ正確に切り出すことができたら、年輪年代の決定に向けて、作業はその終盤に差し掛かったと言えるが、実際には年輪の認定を間違えることは、どんなに経験を積んだ研究者であっても、避けられない場合がある。例えば、日本の年輪年代学で最も多く研究されているヒノキには、偽年輪や欠損年輪がよくあることが知られている（図30）。

　樹幹の円盤を切り出して年輪を観察した場合、すべての年輪が同心円状に並んでいる、すなわちすべての年輪線をぐるっと一周追跡できるのが当たり前だが、ヒノキの中には年輪が途中で終わっている、すなわち年輪が隣の年輪と途中で併合してしまうケースがよくある。これは、その年の木材の形成が樹幹の周囲全体で満遍なく行われず、一部の方向しか行われなかったことを表している可能性があり（その場合は、その一部の方向以外の測線から試料を採取すると、その年の年輪が欠損している＝欠損年輪があることを意味する）、逆に、その一部の方向では何らかの理由で、年輪ではない年輪様の構造ができてしまっているだけかもしれない（その場合は、そこは偽年輪ということになる）。いずれにしても、このような木材の年輪を正確に切り出すことは、極めて困難である。

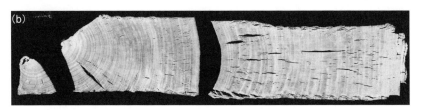

図30　愛知県安城市寄島遺跡の出土木製品（ヒノキ建築材）の年輪形状（a：もと
もとの1mm厚薄板、b：セルロースだけを抽出した薄板）。側方への連続
性のない層が多数認められる。（資料は愛知県埋蔵文化財センター・樋上昇氏提
供）

　台風がやってきて枝が全部落ちてしまったような場合は、その後しばらくの
間、樹幹の全方向にわたって年輪が形成されないこともあり、そのような場合
は、「見た目では決してわからない欠損年輪」が生じてしまう。実際、伊勢神
宮で2009年の台風の際に倒壊したスギの年輪を分析させていただいたとこ
ろ、酸素同位体比の変動パターンの解析から、1959年の伊勢湾台風の直後に
複数年にわたって年輪が欠損している部分があることがわかった（箱﨑ほか
2017a）。このように、他の多くの個体の年輪データとの対比によって、事後的
に欠損年輪の存在がわかることは多く、それが結果的に年輪年代法の信頼性を
高めているが、年輪からデータを取得する前に、「欠損年輪」の存在を予見す
ることは原理的に難しい。

　しかし、いかなる事情があるにせよ、連続的な年輪の認定に失敗したら、年
輪年代は絶対に決められない。それゆえ、それに対する細心の注意を払って対
策を施すことが、酸素同位体比年輪年代法を含む、年輪年代法全般の最大の課
題になる。

間違えずに年輪認定するには

　年輪の認定を間違えずに行うには、樹種ごとに年輪年代決定の成功経験を積み上げていくことが必要だが、そうはいっても日本の遺跡からは文字通り無数の種類、すなわち多様な年輪の構造を持った木材が出土するので、その都度、年輪認定に悩んで立ち止まっていたら、なかなか年輪年代決定のスピードは上がらない。ここで肝心なことは、目の前の木材の年輪判別に悩んだら、とりあえず暫定的な認定を行い、それに基づいて年輪の幅や酸素同位体比の測定をして、マスタークロノロジーとの対比を行い、合致年代が得られるかどうかを試してみるということである。そして、そのすべての工程で年輪の認定と年輪の切り分けに関する正確な記録を残しておくこと、つまり、間違ったらいつでも自らの判断や分析の過程をさかのぼって検証できるようにしておくことが、重要である。

　具体的には、木材のブロックから木口面（いわゆる木の切り株の断面）に平行な厚さ1mmの薄板を切り出した後で、まず水漬けの出土材については、水に濡らした状態でスキャナーを使って、その画像を取得してプリントアウトする（PEG処理済みの材や現生木、建築古材などの乾燥した材の場合は、濡らしてスキャンする必要はない）。その画像のプリントアウト上（あるいはデジタル画面上）で、年輪境界をペンでトレースして、試料の端から順番に年輪に番号を付ける。その際、見えている年輪が偽年輪か本当の年輪か判断に迷ったら（つまり隣り合う二つの年輪様の構造が、二つの年輪なのか一つの年輪なのか判断に迷ったら）、できるだけ細かく年輪を切り分けられるように、暫定的に二つの年輪であると仮定しておく。実際、「二つの年輪」だと仮定して分析を進め、マスタークロノロジーと比較した後で、それが一つの年輪であることがわかった（一つの年輪だと考える方が、マスタークロノロジーとの合致がよくなる）場合には、後から酸素同位体比のデータを平均（正確には年輪幅に応じて加重平均）することで、データを修正できる。しかし、最初に「一つの年輪」だと仮定して分析を進めてしまうと、それが実際には二つの年輪だった場合には、後からデータを二つに分けることはできないからである。

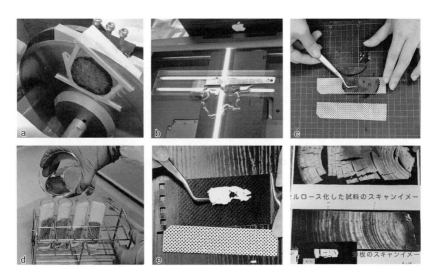

図31　年輪薄板の処理手順（a：薄板のスライス、b：薄板の画像取得、c：薄板のテフロンパンチシートへの挟み込み、d：試験管内での化学処理、e：凍結乾燥後のセルロース板の回収、f：化学処理前後での年輪画像の照合）

　薄板を化学処理して、セルロース以外の成分を除去し凍結乾燥させたセルロース板は極めて壊れやすいので、安全に保存できるように「写真保存用のシート」に挟んで、やはりスキャナーを使ってその画像を取得してプリントアウトする。そして、このプリントアウトを使って、化学処理の前に認定した年輪の構造が、反応と乾燥によって、どのように変形してしまったかを正確に認定して、改めて年輪境界と年輪番号を紙上に記入する。実際、セルロースは木材全体の3割くらいしか含まれていないし、遺跡出土材の多くの中ではセルロースの分解が進んでいるので、反応と乾燥によって元のサイズの5割程度の長さに縮んでしまうことがある。その際の変形状況を正確に認定することが、年輪を間違えずに年輪酸素同位体比のデータを取るために、とても重要である。同時に、反応によって真っ白になり、画像から余分なカラー情報が抜けたことで、結果的に年輪の構造がよりわかりやすくなっていることも多いので、この段階で、年輪の認定が修正できることもある。図31に一連の作業の様子を、写真

で示した。

その後で、いよいよ顕微鏡下で精密カッターナイフなどを使って、年輪セルロースを切り分けて、その酸素同位体比を測定し、マスタークロノロジーと対比することになる。この際、「どのような年輪様の構造を、どのように切り分けたか」が正確に記録されているので、次節で示すように、もしもマスタークロノロジーとの間でパターンが一致する年代が見つからなかった場合には、一致年代を求めて年輪認定の変更を行う際に、その変更の妥当性を常に画像を使って検証することができる。

2. マスタークロノロジーとの対比による年代決定

マスタークロノロジーとは？

年輪セルロースの酸素同位体比を使って年輪年代を決定する作業は、直感的には極めて単純な作業である。第2章の図4に示したように、「年代が既知の木材」を使って取得済みの年輪酸素同位体比の標準年輪曲線（マスタークロノロジー）と、「年代が未知の出土材」の年輪酸素同位体比の変動パターンを比べて、パターンが一致する年代を探すことが、そのすべてである。ちなみに、「2千年前、3千年前の木材の『年代が既知』であるとはどういうことか」と、しばしば聞かれることがある。第1章でも簡単に述べたように、実際、日本の本州に樹齢2千年の現生木は存在しないので、2千年前の木材は、ほぼ間違いなく地中から掘り出されたものであり、それが正確に何年前のものなのかは、掘り出した瞬間には、当然わからない。つまり「年代が既知」の木材も、もともとは「年代が未知」であり、上記の年輪年代決定の過程を経て、その後、年代がわかった（既知になった）ものばかりなのである。

もちろん、最初に「年代が既知」の木材が、少なくとも一つは必要になるが、それには伐採・採取年代が明確な現生木を使えばよい。つまり、すべての標準年輪曲線は、何らかの方法で、必ず現在（年輪年代法が確立された時代）

までつながっている。現生の高齢木などの新しい木材と近世・中世の建築材や出土材などのやや古い木材の間で、年輪データのパターンを見比べて、両者が一致する年代を見つけたときには、多くの場合、古い木材の年代範囲の方が、新しい木材のそれよりも古い時代まで届いているので、既存のマスタークロノロジーとパターンが重ならない時代が、古い時代に向かって次々に延びていくことになる。しかし、その中に新たな欠損年輪や偽年輪がある可能性は否定できないので、通常、マスタークロノロジーが存在していなかった時代に、それを延伸させる過程では、多個体の木材から年輪データを取得して「相互に年輪の欠損がないか重複がないか」を、前述のクロスデーティングの手法を使って慎重にチェックする。このように「年代が未知の木材の年代を、どんどん既知にしていく」ことで、同じ年代のデータをたくさんの個体から集めることができ、それらのデータを年ごとに平均して、その精度・信頼度を上げて作成したものが、マスタークロノロジーなのである。ちなみに、本書の多くの年代決定で用いるマスタークロノロジーは、第 7 章で紹介する中部日本広域から採取された BC 6 世紀から現在までの多数の木材データをもとに作成されたものであり、論文の中で誰でも利用できる形で公開されている（Nakatsuka et al. 2020）。

スライド相関解析

　図 4（第 2 章）では、マスタークロノロジーと出土材の年輪データの変動パターンが、ある特定の年代で一致していることは一目瞭然に見えるが、実際にはすべての樹木の年輪酸素同位体比の測定データには個性があり誤差もあるので、そのパターンがマスタークロノロジーとの間で完全に一致することはないし、そもそも、対象とする時代のすべての年について目で見て一致・不一致を判定するのは、相当骨が折れるとともに精度が心もとない作業になる。そこで、一致年代の探索には、スライド相関解析という数学的な手法を用いる。これは、マスタークロノロジーの上に年代決定の対象となる木材の年輪データを重ねて、両者の間の相関係数（r）を計算し、それを 1 年ずつずらしながら次々と計算していって、その相関係数の変動の中から有意に相関係数が他より

も高い年代を探すという方法である。こうした計算は、対象とする年代の数が
多くて大変であるが、実際にはエクセルなどの表計算ソフトを使って計算する
と、その全体が1秒以内に計算できて、すぐにグラフ化して相関係数が高い年
代を知ることができる。ここでは、京都橘大学の中久保辰夫氏の仲介で、島根
県埋蔵文化財調査センターの仁木聡氏から提供された、同県大田市平ノ前遺跡
の出土材2点（図32）の測定例をもとに具体的に説明していこう。これらの
出土材は共伴遺物の考古学的検討から、6世紀のものであることが推定されて
いたものである。

　相関係数とは、二つのデータ系列（この場合は「マスタークロノロジー」と
「対象とする材」の対照区間における年輪酸素同位体比のデータ）の変動の相
同性を判定する統計学的な指標であり、数学的に述べると、「両データ系列の
間の共分散を、それぞれの分散の平方根（標準偏差）の積で割って、さらに、
その平方根を取ったもの」ということになるが、直感的には、図33のような
イメージである。つまり、両者の変動パターンが完璧に一致している（正の相
関を持つ）ときは1、完璧に反対向きになっている（負の相関を持つ）ときは
−1、変動パターンに関係性が全くない（相関がない）ときは0になる。年輪
酸素同位体比による年代決定の場合、一致する箇所（すなわち正解の年代）は
一つしかないので、理想的にはその年代だけで相関係数が1になり、その他の
年代では0になるとよいのだが、実際には年輪酸素同位体比の変動には、個体
ごとの個性や測定時の誤差があるので、相関係数は、正解の年代においても、
0.6程度になることが多い（年輪数が少なければ、0.4〜0.8と変動する）。また
正解ではない年代でも、相関係数は0を中心にプラスになったりマイナスにな
ったり、ノイズ（雑音）のように変動するので、実際には図32に示すよう
に、スライド相関係数のグラフは、不正解年代の「ノイズの海」の中で正解年
代が一つだけ抜き出るという形になる。この場合、年輪数が多いほど、不正解
年代のノイズは0に収斂してくるので、正解年代を見分けることが容易になる
（図32a, b）が、年輪数が少なければ、ノイズが増幅して、正解年代のピーク
が、ノイズに埋もれてしまうという事態になり、年代決定が難しくなる（図

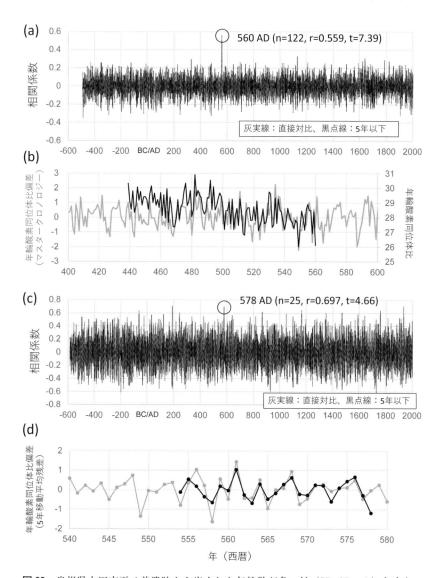

図 32 島根県大田市平ノ前遺跡から出土した年輪数が多い材（SB-07; a, b）と少ない材（SD-04; c, d）の酸素同位体比年輪年代決定。相関解析による年代決定（a, c）と決定（推定）年代における変動パターン（黒）とマスタークロノロジー（灰）の比較（b, d）。（對馬ほか 2019）

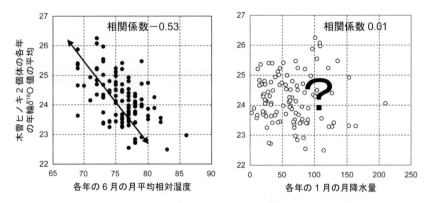

図33　相関係数とはどういうデータの関係性を表すのか（第3章図13の事例より）。木曽ヒノキの酸素同位体比は、夏の相対湿度とは負の相関がある（r＝－0.53）が、冬の降水量とは全く相関はない（r＝0.01）。

32c, d）。

　ちなみに、年輪セルロースの酸素同位体比のスライド相関解析においては、マスタークロノロジーと対象木材のデータを直接比較するだけでなく、その中に含まれる短周期成分を取り出して比較するということがよく行われる。これは年輪の酸素同位体比には、対象木材の性質によって、しばしば長期にわたる樹齢効果（成長とともに新たに形成される年輪セルロースの酸素同位体比が低くなっていく効果）が含まれていることがあり（図32の事例がまさにそれにあたる）、それがマスタークロノロジーとの間での相関係数を低めてしまう、ということに対する対処である。その場合、データを直接比較するのではなく、5年などの特定の年数よりも短い周期の変動パターンだけをデータから取り出して（具体的には、5年以下の周期に着目する場合、各年に前後2年を加えた計5年間の平均値から、各年のデータがどれだけずれているかを計算して）、相互の相関を計算している。それによって、正解の年代におけるピークの判別がより容易になることがある。

年輪年代決定の検定

　スライド相関係数を見ると、正解の年代が何年であるかは一目瞭然であり、それ以上の説明を要しない場合も多い。実際、図32a, bの資料の最外年輪の正解年代は、この図からもはや自明であろう。しかし、図32c, dのように年輪数が少ない木材の場合、不正解の年代におけるノイズの振幅が大きくなるので、認定した正解の年代における相関係数（r）の有意性は、その分、相対的に低下する。逆に言うと、スライド相関解析のグラフにおいて、相関係数（r）が0.5を越えるようなピークがいくつも表れてしまって、どのピークが正解なのか判断がつかなくなる。このような場合、そのうちのどれかの年代が本当に正解であることを保証することは容易ではない。こうした状況の際に、一致年代の有意性を検定する統計学的な指標がt値である。

　t値は、相関係数（r）と相関係数の計算に使った対照データ数（n）の二つの数値を用いて、$t = r \, (n-2)^{1/2} / (1-r^2)^{1/2}$ という式で表される。一般に、相関係数（r）が高いほど、二つのデータ系列の変動パターンの一致度は高いと言えるが、それが、より多くのデータ数（n）に基づいていればいるほど、偶然に一致する恐れが低くなるという意味で、その信頼度は高くなる。そのことを定量的に示したものがt値である。t値は大きいほど、相関の有意性は高くなる。現時点では、このt値を使って、「t値が5を越えた場合には、年代決定が成功している」と判断している。

　図32aのように年輪数（n）が多い試料の場合は、t値は5をはるかに超えているので、その年代決定の信頼性については、全く問題はない。しかし、図32cのように年輪数（n）が少ない試料の場合、同程度の相関係数（r）を示す試料であっても、t値は低くなり、よほど相関係数（r）が大きくならない限り、t値は5に至らないことが多くなる。このようなときは、このデータは参考データということになり、単独での年代決定には使えず、後述するように同じ遺跡の同じ層位面から出土した他の試料のデータと対比するなどして、総合的に年代を判定していくことになる。

　このように年輪数の少ない木材については、従来の年輪幅に基づく年輪年代

法では、偶然による一致の危険性を排除するために、年代決定は行わないという配慮がなされてきた。しかし、従来の年輪年代法に比べて、一般に個体間での相関係数（r）が高くなる酸素同位体比年輪年代法では、樹種の違いを越えて年代決定が行えるという条件も生かして、年輪数の少ない試料についても年代決定を試みてきている。

　そうした中では、年輪数（n）が少ない試料でも、時折、相関係数（r）がとても大きい（0.8〜0.9）ことで、t値が5を越えて「年代決定に成功した」と考えられる場合もある（第4章図28の事例など）。このような場合、もともとセルロース酸素同位体比の経年変動の振幅が大きく、データの個体差や測定誤差の影響が相対的に小さい「時代」（AD1世紀半ばなど）に当たっていて、それゆえに正解の年代における相関係数（r）が非常に大きくなった可能性があって、その場合はまさに幸運だったと言える。しかし、稀に少ない年輪数（n）のもとで、相関係数（r）だけが「偶然」非常に大きくなってしまった結果、明らかに不正解の年代において、t値が5を若干越えてしまうような事例も認められている。今後、年輪数の少ない試料については、より厳しいt値の基準を設けるか、別途、より適切な統計学的指標を用いる必要があるかもしれない。

　また年輪数（n）が十分に多く、スライド相関解析の結果、t値も十分に高くなり、明らかに一致年代が見つかったと考えられる場合でも、年輪年代を年単位で確定させるためには、最後に必ずやっておかねばならないことがある。それは、マスタークロノロジーと対象木材のデータを直接、目で見て対比して、変動パターンが全期間を通して一致していることの確認（目視照合）である（図32b, d）。実際、両データの変動がよく一致して高いt値が認められる場合でも、運悪く樹皮の近くで年輪認定に誤りがある場合は、対象木材の最外年輪の真の年代とスライド相関の極大年が、1年程度ずれてしまう可能性がある。木材に樹皮や樹皮直下の年輪が残っておらず枯死年や伐採年を特定できない場合は、1年程度の年代のずれは大きな問題にならないが、樹皮が付いていて枯死年や伐採年を年単位で議論できるときには、末端部分付近こそ、より注

意して変動パターンの一致度を目視照合する必要がある。

一致年代が見つからないときの対処

　スライド相関解析によって年輪年代を決定する仕組みを紹介した本節の最後に、しばしば遭遇する事例について説明しておきたい。それは、「対象出土材の年輪数は多い（100 年程度ある）のに、スライド相関図の上に一致年代が見つからない」という事例である。一般に、出土材と地理的に近傍にあるマスタークロノロジーを比較するときには、年輪数が 100 年もあれば、図 32a に示すように、明確なピークがスライド相関図上に現れるはずであるが、それが全く出てこないというケースである。最初に疑うべきことは、さまざまなレベルでの計算間違い（酸素同位体比の計算間違いから、年輪番号の入力間違い、エクセルのセルの選択間違いなど）であるが、そうしたものを慎重にチェックし終えても、一致年代のピークがやはり見つからない場合がある。

　この場合、原因は大きく分けて二つあり得る。①マスタークロノロジーが得られている時代範囲に出土材の年代が入っていない。②出土材年輪の形状判別が難しくて年輪認定を間違っている。①の場合は、絶対に年代決定はできない。出土材の時代範囲は、通常、遺跡の共伴土器からある程度予想できるが、稀に非常に古い木材や新しい木材が混入していることもあり、予想と合わないときもある。またマスタークロノロジーの年代的限界に近いところで年代決定にチャレンジしている場合は、常にこの可能性は意識しておかねばならない。

　問題は、②である。この場合、年輪の認定を修正できれば年代が決まるし、その修正はマスタークロノロジーとの対比で可能になることが多い。まず年輪画像を確認して、年輪認定を間違った可能性が高い箇所（偽年輪や欠損年輪の見落とし）が見つかった場合は、その箇所のデータを修正してマスタークロノロジーと対比すれば、簡単に正解が見つかることもある。また年輪画像からでは年輪認定の間違いが簡単にわからない場合でも、出土材の年輪酸素同位体比のデータを、いくつかの区間に分けて、それぞれ独立にスライド相関解析を行ってみると、各区間で「少しずれた年代」に（出土材の最外年輪年代に対応し

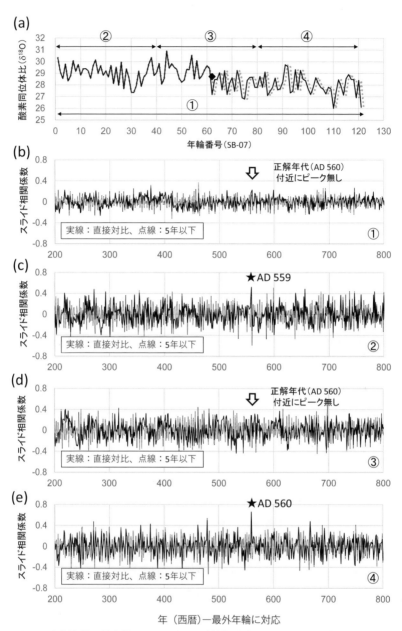

図34 欠損年輪や偽年輪があるときの分割相関解析。図32の平ノ前遺跡 SB-07 の No. 62 の年輪（黒菱形）が欠損年輪になったとする（a：真データ（灰点線）、欠損有データ（黒実線））。欠損有データ全体①とマスタークロノロジーの間には有意に高い相関を示す年はない（b）が、前②・中③・後④の40年ずつに分割して相関解析を行うと、②と④で1年ずれたところに相関の極大年があり（c, e）、③には有意な相関を示す年がないこと（d）から、③の期間に1年の欠損年輪があることがわかる。

た）相関係数のピークが見つかる可能性がある（図34）。このような場合、その年代の小さなずれが欠損年輪や偽年輪の数に対応していると考えて、その分を修正して出土材全体の年輪酸素同位体比の時系列データを作り直せば、マスタークロノロジーとの間で、より t 値の高い一致年代が見つかるはずである。年輪年代法の場合は、原因が欠損年輪でも偽年輪でも、たとえ1年でも年輪の認定が間違っていたら相関はなくなるので、こうした修正は、しばしば抜群の効果を発揮する。

　実際には、目視ではどこで年輪認定を間違ったかわからない場合や、あちこちに多数の年輪認定の間違いがある場合もある。そのような場合、多数の箇所を同時に修正することは、手続き的に難しく、また修正をしすぎると、何が真実かわからなくなるので、結果的に、年輪認定を修正して年代決定を成功に導くことは難しい。しかし、今後、マスタークロノロジーとの間で一致年代が見つからなかった「年輪数の多い木材の年輪酸素同位体比のデータ」に対して、「年輪認定の自動修正によるマスタークロノロジーとの一致年代の探索」を行うプログラムなどを作成することは可能であろう。貴重なデータを最大限生かすためにも、こうしたデータの修正は、スキャンした年輪画像を使った「年輪認定の再検証の実施」と併せて、可能な範囲で進めていくことが望まれる。

3. 酸素同位体比年輪年代法の検証

土器編年との比較

　前節では、年輪セルロース酸素同位体比のマスタークロノロジーと出土材の間でのスライド相関解析によって出土材の年輪年代を決める手続きについて紹介した。さらに、マスタークロノロジーとのパターン一致の有意性（個々の年代決定の確からしさ）を、t 値などの統計学的指標を使って検証する方法についても述べた。本節では、酸素同位体比年輪年代法自体の信頼性を客観的に評価するため、それとは全く別の角度から、本方法による決定年代を検証するた

めの方法について紹介する。

　もとより日本考古学では、第2章で述べたように、通常、遺跡の年代は出土土器などの編年から詳細に決定されている。土器編年は相対年代なので、厳密には、その年代を酸素同位体比による年輪年代と直接比較することはできないが、実際には、土器付着炭化物の放射性炭素年代法による年代測定や文献記録との対比などによって、個々の土器型式にもある程度の精度で、絶対年代・暦年代との対応付けがなされている。それゆえ、酸素同位体比年輪年代法によって得られた出土材の年代を外部のデータと比較して検証する際の最初のステップは、その出土材が得られた遺構に特徴的な出土土器から想定できる考古学的年代観との対比になる。

　もちろん、個々の土器の絶対年代・暦年代は、まだ確定しているとは言えないし、その確定自体が、酸素同位体比年輪年代法の活用の大きな目的の一つになるとも言えるので、土器編年による大まかな暦年代観と酸素同位体比年輪年代が一致していなくても、直ちに年輪年代の信ぴょう性が下がる訳ではない。しかし実際には「出土土器の編年に対応した暫定的な暦年代観」と「出土木器・木製品の酸素同位体比年輪年代」との間で、緊密な相互検証をしていくことで、土器編年も酸素同位体比年輪年代も、ともに精度や信頼度が向上していくものと考えられる。

年輪年代法との比較

　ここでは、さらに他の年代情報との対比によって、酸素同位体比で得られた年輪年代を検証する取り組みについて紹介する。その際には、特に年輪年代を検証するという意味で、土器編年などでは不可能な、年単位に近い精度の年代決定法と比較することが重要である。その中でも最も基本的なものは、酸素同位体比年輪年代法の生みの親である「年輪幅による年輪年代法」との比較である。実際、これまでのところ、年輪幅によって正確に年輪年代が決定された木材を、酸素同位体比を使って改めて分析した際には、両者の年代が一年もずれたことはない。これは、両者ともに独立した確固たる年輪年代法であることの

証明になるが、このように年輪の幅と酸素同位体比の両パラメーターで年代決定できる材は、通常、年輪の形状がはっきりしていて、劣化も進んでおらず、年輪数も多い、ヒノキやスギなどの針葉樹に限られていて、高度劣化材を含む広葉樹の木材では年輪幅による年代決定は行えないので、相互検証は不可能であった。それゆえここでは、劣化が進んだ広葉樹材を中心にして、さらに別の手法で、酸素同位体比年輪年代法の結果を検証した事例を紹介する。

^{14}C ウィグルマッチング法との比較

　酸素同位体比年輪年代法は、年輪データのパターン照合を基盤とした年輪年代法の一種であり、年輪の「幅」の代わりに「セルロースの酸素同位体比」を使ったものである。同じように「幅」の代わりになるものとして、年輪の「放射性炭素濃度」があり、それが第2章2節でも少し紹介した「放射性炭素 (^{14}C) ウィグルマッチング法」である。そこでは、年輪から抽出したセルロースなどの有機物に含まれている炭素の ^{14}C/^{12}C 比の変動パターンを照合する。^{14}C/^{12}C 比の変動は太陽活動などを反映してグローバルに同調することがわかっているので、パターンを比較する相手のマスタークロノロジーとしては、「理想的には」グローバルに同一のもの（放射性炭素の「較正曲線」）を使うことができるのが、大きな利点である。またパターン照合をする前に ^{14}C/^{12}C 比の絶対値自体が、ある程度の精度（通常、百年以内の誤差）で年代を教えてくれることも、年輪の「幅」や「酸素同位体比」にはない利点である。ここで「理想的には」と書いたのは、較正曲線にも地域性がある可能性が指摘されていて、また現在までのところ多くの時代においては5年単位でしか測られていない ^{14}C/^{12}C 比を年単位にまで高分解能化した際には、さらに地域性が大きくなる可能性もある。とはいえ、^{14}C ウィグルマッチング法を使えば、酸素同位体比年輪年代法で年代を決めたのと全く同じセルロースを使って、全く独立に年代を決めることができるので、酸素同位体比年輪年代法の検証の相手としては最適である。

　図35a は、京都府城陽市下水主遺跡から出土した弥生時代後期の木材の ^{14}C

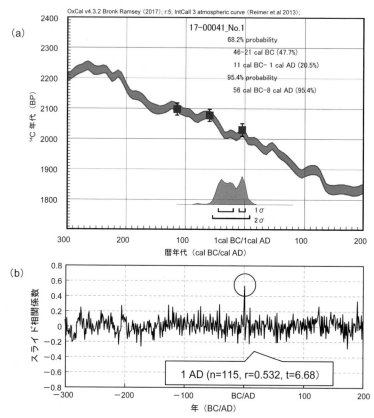

図35 京都府城陽市下水主遺跡の出土材（護岸材 E）最外年輪の ¹⁴C ウィグル
マッチング法（a）と酸素同位体比年輪年代法（b）による年代決定の
比較。a では 3 点（■）の年輪 ¹⁴C 年代が較正曲線に最も合致する年代
を確率密度関数で計算・表示している。（a：パレオ・ラボ AMS 年代測定
グループ 2018、b：中塚ほか 2018）

ウィグルマッチング法による最外年輪の年代決定の結果であるが、同じ木材の
酸素同位体比年輪年代の測定結果（図35b）と、誤差の範囲内でよく一致して
いることがわかる。このように、同一の出土材の年輪年代を、酸素同位体比年
輪年代法と ¹⁴C ウィグルマッチング法の二つの方法で決定することを、これま
でに 10 回以上行ってきたが、基本的に後者の誤差の範囲内に前者の年代が入

ることが毎回確認できている。これは両方法の信頼性が高いことを、互いに証明し合うものである。酸素同位体比年輪年代法には、年単位の年代決定ができてコストが相対的に安いというメリットがあるが、^{14}C ウィグルマッチング法にも、マスタークロノロジーがグローバルに共通であり、任意の地域・時代の資料に対して適用できるというメリットがある。両方法は、これからも相補的に活用されていくことになるものと思われる。

4. すべての一連の流れ——採取・保存・分析・解析

すべてのフローチャート

　本章の最後に、酸素同位体比年輪年代法の全体の流れを、図36に一つのフローチャートの形でまとめて提示する。なお、「化学処理の際の試薬の配合比率や、反応の温度や時間などを含む、具体的で詳細なプロトコル」は巻末の付篇に掲載するので、自ら酸素同位体比年輪年代法の試料作成を行う方は、最終的にはそちらを参照していただきたい。ここでは、そのフローチャートの各段階の留意点を、前章・前節までに述べてきたことも振り返りながら、少し掘り下げて説明したい。

出土材の発見から保存まで

　考古学における酸素同位体比年輪年代法の活用は、まず遺跡における出土材や木製品の発見と記録から始まる。酸素同位体比年輪年代法の成果を正しく評価し、遺跡や遺物の年代観の構築に効果的に反映させていくためには、分析対象とする出土材や木製品が、遺跡の遺構全体の中で他の木材を含む無数の出土物とどのような関係を持って出土したのか、という発掘状況についての層位学的な一次情報が整備されていることが極めて重要である。前節でも述べたように、同じ遺跡から大量の杭や板材が出土した場合でも、それらが同時代性の明確な同一の杭列や板列を構成していたのか、それとも全くバラバラの状態で出

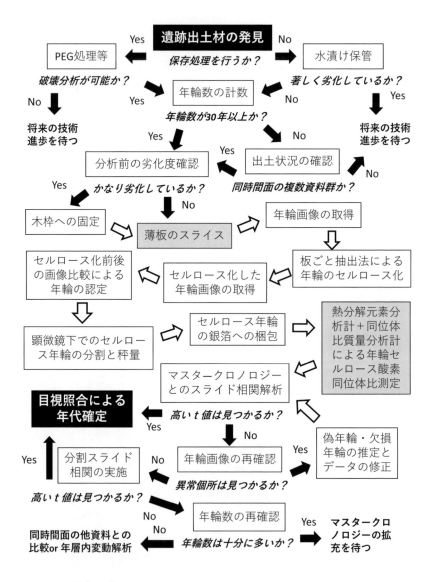

図36 酸素同位体比年輪年代法による出土材の年輪年代測定のフローチャート。灰色で示した工程以外は、地方自治体の埋蔵文化財調査機関における通常設備でも概ね実施可能。

土したのかで、得られる年代の解釈の仕方が大きく変わってくる。また木材や木製品と土器が一緒に出土した場合でも、両者が同じ層位の同じ場所から出土したものなのか否か、同時に廃棄されたないしは埋没したというような一括性が高いのか否かで、酸素同位体比年輪年代法を使って特定の土器の型式期や様式期に暦年代を与えていけるかどうかが、大きく左右される。木材が出土したときには、是非、層位学的な一次情報を丁寧に記載した上で、できるだけ多くの出土材を酸素同位体比年輪年代法の分析に供していただければ幸いである。

　低湿地の地下水の中で長期に保存されていた木材は、一旦空気に晒されると、保存処理をしない限り、空気中でも水中でも急速に微生物による分解が進む。もちろん、試料を乾燥させれば分解はほぼ止まるが、凍結乾燥でもしない限り、出土材の年輪は乾燥による変形によって判別不能になるので、加熱乾燥はもちろん自然乾燥も望ましくない。それゆえ、酸素同位体比年輪年代法を適用するのであれば、セルロースの抽出はできるだけ早くやった方がよい。しかし、実際にはすぐに分析できるとは限らない。発掘現場では常に膨大な作業があるし、重要な出土材であれば、それ自体、図面に書き起こしたりする時間も必要である。また発掘調査が終わった後でも、短期間のうちにセルロース酸素同位体比の分析に取り掛かれるとは限らず、かといってすべてを保存処理するお金がない場合も多い。

　そうした場合、出土材は乾燥による変形を防ぐために水漬け保存するしかない。その際には、微生物による分解が進まないように水替えを頻繁に行う必要がある。杭や板などの文化財的価値の低い木材で破壊分析が可能なのであれば、一番よいのは、最外年輪をはじめとして年輪ができるだけ多く含まれた必要最小限の大きさの木片（木柱の円盤など）を切り出して、十分な水とともに密閉できるビニール袋に入れて、冷蔵保存することである。冷蔵庫の中であれば、木材の劣化はそう簡単には進まない。この際、もちろん「冷凍」保存は厳禁である。冷凍すると木材に含まれる水分が膨張して、年輪構造を破壊してしまうので、その後の処理を進める際には大きな障害になる。

薄板のスライスから年輪の切り分けまで

　出土材は、第4章で詳しく述べたように、木口面に平行な厚さ1mm程度の薄板にスライスしてから、板のままセルロースを抽出する「板ごとセルロース抽出法」にかける。そして、その前後で、本章1節で詳しく述べたように、反応前の年輪の画像と、セルロース化した後の年輪の画像を、ともに高解像度のスキャナーで取得して、年輪の認定を行う。その意味と効用は、これまで述べてきた通りであるが、この段階でいかに正確に年輪を認定できるか、（年輪の認定が簡単ではない場合は）いかに正確に年輪認定と年輪採取の記録を残しておけるかが、年代決定の成否を分ける。

　ちなみに、出土材からダイヤモンドホイールソーを使って薄板を切り出す前に、適当な大きさのブロックをのこぎりで切り出す必要があるが、その際には、以下のような条件を念頭に置いて、切り出すブロックの位置を決めることになる（試験管内で化学処理できる木材薄板の大きさは10cm程度までなので、出土材が大きければ複数個のブロックになる）。1）木材全体で最外の年輪がブロック内に含まれること、2）ブロックの中にできるだけ多くの年輪が含まれること、3）ブロック内の年輪が全体的に適度に厚く明瞭で、年輪の認定と切り分けが容易であること、4）劣化度が低く、虫食いなどの痕も少ないこと。1）は木材の伐採年・枯死年に最も近い年代を決めるための配慮であるが、それが他の三つの要件と大きく矛盾する場合は、最外年輪との関係（年数の差）が明瞭にわかる「別の部位のブロック」を切り出して、年代決定後にその「年数の差」を足してもよい。

　セルロース化した薄板の年輪を正確に認定して記録したら、次に顕微鏡下で精密カッターナイフを使って、年輪の切り分けを行う。このとき最も重要なことは、各年の早材から晩材までの全体が均等に入るように、長方形のセルロースの断片を正確に切り出すことである。一般にセルロース酸素同位体比の季節変動、すなわち年層内での変動は、その経年変動、つまり年層間での変動よりもはるかに大きい。これは、気温や降水量の季節変動の振幅が、年平均気温や年平均降水量の経年変動の振幅よりも、はるかに大きいことを反映している。

それゆえ、セルロースの酸素同位体比は早材と晩材では大きく（数パーミル程度）異なっていることが普通であり、セルロースを切り出す際に長方形でなく三角形や台形の形で年輪を切り取ってしまうと、早材と晩材の比率が実際の年層と大きく異なってしまい、得られるデータがその年の平均値にならない。

この際、熱分解元素分析計にかけられるセルロースの量の制約から、1 年輪あたり 100～300 μg の決まった範囲内で試料を切り出す必要があることにも留意しなければならない。年輪幅が狭い年層であれば、年輪の境界に沿って細長い試料を切り分けることになるので、早材と晩材の比率の違いを気にする必要はあまりないが、年輪幅が広い年層の場合は、逆に早材から晩材に向けて細く長い長方形を切り出す必要があり、いかに長方形の長辺の平行を保つかに苦心することになる。

精密カッターナイフで年輪を切り分ける際に気を付けなければならないことのもう一つは、厚さ 1 mm の薄板と言っても、相手は立体なので、セルロース板の表と裏で年輪の場所が微妙にずれている可能性があるということである。この点、劣化材の場合はセルロース抽出後に繊維がバラバラになって融合するため、厚みのないフィルム状のセルロース板ができるが、劣化していない健全な材の場合は、立体的な構造がセルロース抽出後も残る。このような試料の年輪を境界に沿って正確に切り分けるためには、年輪面を構成する繊維の方向に平行にナイフを入れることが重要である。そのようにナイフを入れれば、年輪境界は力学的に最も弱い面なので、自ら簡単に剥離してくれる。

試料の梱包から同位体比の測定まで

顕微鏡下で精密カッターナイフを使って切り出して秤量した各年を代表するセルロース片は、一旦、資料名と年輪番号が付されたマイクロチューブなどの中に保管する。その後、熱分解元素分析計と同位体比質量分析計のオンライン装置で酸素同位体比を測定するために、現在は、セルロース片を「厚さ 4 μm 各辺 7 mm」の正方形の銀箔を使って梱包している。年輪セルロースは、1 日 200 サンプル（3 日で 600 サンプル）の終夜連続測定に供するために、オート

サンプラーという「多数のサンプルが順序よく並べられた装置」の中に入れる必要があるが、バラバラになりやすい繊維状のセルロースを、そのままオートサンプラーに入れることはできないからである。

　銀を使うのは、銀が貴金属であり、錆びにくい、つまり酸化しにくく、酸素の汚染を受けにくいからであるが、多くの研究室ではオートサンプラーに試料を入れるときに、取り扱いの難しい「薄い銀箔」ではなく「厚い銀カプセル」が使われている。私たちの研究室でも昔は銀カプセルを使っていたが、銀カプセルは「高い」（1個100円程度。銀箔は7mm四方の1片が1円である）ことに加えて「重い」（1個12mg。銀箔は1片2mgである）ことが大きな問題であった。というのも、年輪セルロースの終夜連続運転を可能にするためには、熱分解元素分析計の反応炉の中に、測定後の廃棄物である融けた銀が溜まるスピードを遅くしなければならないが、銀カプセルだと120サンプル程度で炉が銀で詰まってしまうので、毎日「反応炉の温度を1400℃付近から常温に下げて、炉の中の銀の滓を掃除してから再び温度を上げる」という面倒な作業を行わざるを得なかった。しかし、銀カプセルを銀箔に変えたことで、その数倍の数のサンプルを反応炉に入れても炉が詰まらなくなり、3泊4日の連続運転が可能になって、装置のメンテナンスにかける労力が大幅に減少するとともに、測定可能なサンプル数が倍増したのである。

　銀箔はもともとの銀の量が少ないので、セルロース片を包むときに、完全に銀を丸めて潰してしまうと、小さくなりすぎてオートサンプラーの隙間に引っかかってしまう。それゆえ、銀箔を包むときは紙風船のように、ふわっと包む必要があるが、ふわっと包むと中に空気が残ってしまう。この空気の中には、セルロースの酸素同位体比測定の大敵である N_2 と O_2 が大量に入っている。O_2 は、酸素なので試料を汚染することは自明だが、実は N_2 も、同位体比質量分析計に酸素を送り込むときの分子である CO と同じ重さ（基本となる分子量は28）であり、しかもその同位体組成（分子量28、29、30の各存在比）が CO と全く異なるので、O_2 以上に酸素同位体比の測定の妨害になる。それゆえ、オートサンプラーの中で試料が待機しているときに噴出してくるヘリウム

ガスによって「紙風船」の中の空気が完全に入れ替わってくれる必要があった。実は、ふわっと包むことで銀箔に隙間が生じるので、このヘリウムによる「洗浄」がうまく行くのだが、これは「板ごとセルロース抽出法」の結果、最終的な測定試料の形状が「粉末」ではなく「直方体の塊」になったことによって、初めて可能になった。粉末だと、紙風船の皮に当たる銀箔の隙間から試料がこぼれてしまうので、銀カプセルでしっかりと包むしかなくなるからである。結果的に顕微鏡下でピンセットを使って銀箔にセルロース片を包むという、繊細な作業が必要になったが、こうした繊細な作業ができるのは、実のところ、現時点では私たちの研究室および、私たちと連携している日本とアジア諸国の研究室のみである。

　この後、熱分解元素分析計と同位体比質量分析計のオンライン装置で、酸素同位体比の測定をすることになるが、3泊4日で600サンプルの終夜運転を実現した背景には、銀カプセルを銀箔で置き換えたということ以外にも、独自のオートサンプラーの改良があった。先に述べたように、試料に付着している空気を除去できる唯一のチャンスは、サンプルが炉に落下する直前に噴出するヘリウムで数分間「洗浄」されるときだけであった。市販のオートサンプラーは、構造上、サンプルを載せたターンテーブル（1段に31サンプルの装填が可能）を何段でも積み重ねて使えるようになっているが、実際には、2段以上で運転すると、ヘリウムによる洗浄の効率が下がり、試料の中に空気の混入が避けられなくなる。それが欧米の研究室で、終夜連続運転ができない最大の理由であった（ちなみに中国では、大学院生が徹夜でオートサンプラーのターンテーブルを1枚ずつ取り換え続けることで、終夜運転を達成している！）。私たちは、オートサンプラーの多段のターンテーブルを市販の高気密性タッパーで覆うことで、オートサンプラーから噴出するヘリウムガスがサンプルの入った多段のターンテーブル全体の空気を速やかに置換するようにした。それにより空気の混入の問題を完全に解決し、1日2回程度、数段のターンテーブルをまとめて取り換えることで、終夜連続運転を実現した。

　このように、「板ごとセルロース抽出法」にしても、銀箔の利用にしても、

タッパーによるオートサンプラーの改良にしても、セルロース酸素同位体比の分析過程の革新は、すべてコストが全くかからない「ローテク」によって成り立っている。

スライド相関解析による年代決定まで

　得られた酸素同位体比のデータを使い、本章2節で詳述したようにマスタークロノロジーとのスライド相関解析によって、変動パターンが一致する年代を探索する。年輪数が多いときには、まさに一発で年代が決まることも多いが、さまざまな理由で、年輪年代の決定がうまく行かないこともある。まずは単純な計算間違いを疑って、それがないことを確認した後は、以下のようにさまざまな取り組みが必要になる。

　年輪数が少ないときは、年代決定がうまく行かないことは当然であり、偶然の一致による見せかけの候補年代がたくさん出現することも多い。その場合、得られた候補年代の中から、遺跡の考古学的な年代観や、放射性炭素測定によって絞り込んだ「誤差を含む年代幅」と一致する年代を探すということが一つの方法になる。しかし年輪数が少ないときは、真の年代におけるスライド相関係数が偶然低くなってしまって、真の年代が候補年代の中に入っていない可能性もある。それゆえ、より積極的に年輪数の少ない出土材の年代決定に取り組むためには、同じ遺跡の同じ地層面から出土した「同時代性が推認できる多数の資料群」の年輪セルロース酸素同位体比を、同時に測定することが重要である。多数の資料の年輪酸素同位体比の変動パターンをマスタークロノロジーと比較して、共通の候補年代を探すとともに、多数の資料のデータの直接比較によって、変動パターンの相同性を確認し、それらを合成した長い（年数の多い）クロノロジーを作成して、マスタークロノロジーと改めて対比することが、年代決定の精度を上げていく上で有効である。

　年輪数が多いときにうまく行かないことは、ある意味で異常であるが、本章2節で示したように、それには理由がある。マスタークロノロジー側の問題である（時代範囲が狭い）可能性もあるが、年輪認定に間違いがある可能性も高

い。そうした場合は、資料全体の年輪をいくつかの区間に分割して、それぞれ独立にマスタークロノロジーとの間でスライド相関解析を行うことで、年輪認定の間違いの発見につながることがある。実際には、複数箇所で年輪認定の間違いがある場合、部分的なマスタークロノロジーとの対比から年輪認定の間違いを発見するには、大変な数の作業が必要になるが、今後は、あらゆる可能性を網羅的かつ自動的に試して、年輪認定の間違いを発見するプログラムなども開発できるかもしれない。ハードウェアのローテクの開発だけでなく、ソフトウェアの分野でも、技術革新が求められている。

第6章　酸素同位体比を使った遺跡の年代決定

　　　　酸素同位体比年輪年代法は、樹種や個体の違いの影響を受けにくい変
　　　　動メカニズムの普遍性ゆえに、従来の考古学における年代決定法の適用
　　　　範囲を越えた、さまざまな場面に応用できる。それは、かつて年輪幅に
　　　　よる年輪年代法や放射性炭素年代法が登場したときの状況と同じであろ
　　　　う。ここでは、日本各地で始まっている酸素同位体比年輪年代法の考古
　　　　学的活用の中から、その代表的な事例を紹介する。遺跡発掘調査の現場
　　　　で日ごろ出土材を見慣れている調査員の方々はもちろん、これからの考
　　　　古学の発展に期待する多くの学生や一般の方々にも、本方法の応用と理
　　　　解へのヒントとなれば幸いである。

1. 広葉樹でも測れる──新潟県青田遺跡など

日本の樹木の種類は極めて多い

　酸素同位体比年輪年代法の研究は、年輪幅による年輪研究の先進地域である
欧州や米国では未だほとんど進んでいないが、その最大の理由は、そうした地
域では面倒な酸素同位体比の測定などを行わなくても、年輪幅だけを使って、
気候変動の復元や年輪年代の決定が十分に行えたからである（Fritts 1976）。
それにはいくつかの理由があった。第一に、極度の寒冷もしくは乾燥を伴う厳
しい気候が樹木の成長を制約するので、多くの樹木個体の年輪幅に気候変動の
シグナルが明瞭に刻まれる。第二に、厳しい気候環境の下で樹木の個体密度が
少ないので、隣接個体との光を巡る競争などの気候以外の影響を年輪幅が受け

にくい。第三に、厳しい環境下にあって樹木の種類が少ないので、樹種ごとに年輪幅のマスタークロノロジーを作成することが可能になる。日本を含む中・低緯度の温暖で湿潤な地域では、それとは正反対の状況にあり、多くの研究者の努力をもってしても、年輪幅による年輪年代決定は、欧米ほどにはうまく行かなかった。それこそが、酸素同位体比年輪年代法が生まれる最大の素地であった。

　年輪セルロースの酸素同位体比は、光合成が行われる季節の「降水（水蒸気）の酸素同位体比」と「相対湿度」という二つの物理化学的なパラメーターで決まるので、気候が樹木の成長にとって厳しいかどうかにかかわらず、その変動は、すべての樹木の年輪の中に等しく記録される（中塚 2014）。特に、その「樹種の違いによらない」という性質が、広葉樹と針葉樹の無数の樹木が生息している日本のような地域では、出土材の年輪年代の決定において、効力を発揮した。スギやヒノキなどの年輪数の多い高齢樹の木材で作った年輪セルロース酸素同位体比のマスタークロノロジーが、あらゆる樹種の木材の年代決定に利用できるからである。

遺跡出土材の大部分は広葉樹

　ヒノキやスギ、マツなど、現在の日本の人々が建物の建材などで慣れ親しんでいる木材の多くは針葉樹である。この状況は江戸時代や室町時代でも変わらないが、紀元前くらいまで、つまり弥生時代中期以前までさかのぼると、状況は一変する。日本の縄文時代や弥生時代の低湿地の遺跡、すなわち地下水の中で木材が長期にわたって保存され得る環境から出土する木材の大部分は、広葉樹なのである。それもシイやカシ、クスノキ、クヌギ、クリ、ケヤキ、サクラ等々、ありとあらゆる種類の広葉樹の木材が遺跡から出土する。一方、年輪数の多い針葉樹材が出土することは、ほとんどない。中部地方や近畿地方では、紀元前後の比較的早くから、ヒノキやスギ、コウヤマキなどの針葉樹材が低湿地の遺跡から出土し始めるが、九州では、弥生時代の遺跡から出土するのは、樹齢数十年以下の常緑広葉樹材ばかりであるし、東北では、平安時代になって

も遺跡から出土する建築材に、ヒバやスギなどの針葉樹だけでなく、樹齢数十年以下の落葉広葉樹材が使われていることが多い。

　こうした状況の背景には、針葉樹の大径木は通常深い山の中に生えていて、先史・古代の人々には、そうした木材を切り倒して低地まで運んでくることが難しく、低地の集落の周囲に生えていた多様な広葉樹を利用する方が簡単であった、という事実があると思われる。しかし、多様な広葉樹の樹種の一つひとつに対して、年輪幅のマスタークロノロジーを構築することは、手間がかかる上に、そもそも個体ごとの年輪数が少なすぎて効率的にクロノロジー構築に必要なデータが得られないので、先史・古代にさかのぼる広葉樹、すなわちほとんどの出土材の年輪年代の研究は、全く進んでいなかった。

　そうした中でも、コナラなどでは、個体間で年輪幅の変動パターンは比較的よく一致するので、年輪幅のデータから出土材の間での相対的な年代関係を明らかにできる場合があった。しかし成長の早いクリなどでは、年輪幅の変動パターンが個体ごとにバラバラなので、年輪幅を使った研究はそもそも難しかった。こうした状況の中、酸素同位体比を使うことで、遺跡から出土した大量の広葉樹材の年輪年代決定に初めて成功した事例として、ここでは新潟県青田遺跡の研究について紹介する（木村ほか 2012）。

広葉樹材の年輪年代決定に初めて成功！

　新潟県青田遺跡は、BC 5〜6 世紀の縄文時代晩期の掘立柱建物群の遺跡である。ちなみに同じ時期に、北部九州ではすでに弥生時代に入っていたと考えられているので、ここでいう縄文時代晩期という表現は、あくまでも新潟県における状況を表したものである。福島大学の木村勝彦氏は、かねてより新潟県埋蔵文化財センターの荒川隆史氏から、掘立柱を構成するコナラ材やクリ材の提供を受け、年輪幅を使った青田遺跡の建物群の年代的な相互関係の解析を進めていた。さらに、名古屋大学の中村俊夫氏らの協力も得て、^{14}C ウィグルマッチング法を活用して、その年輪年代の決定にも挑戦していた。私が直前に開発することに成功した「板ごとセルロース抽出法」の技術をもって、福島大学の

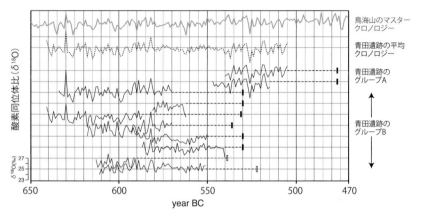

図 37 新潟県青田遺跡の建物群の掘立柱材の年輪セルロース酸素同位体比の変動（木村ほか 2012）

　木村氏の研究室を訪ねたのは、この青田遺跡の出土材の研究が進んでいた2011 年の秋のことである。このとき木村氏は、秋田・山形県境の鳥海山から出土した多数の神代スギの試料を収集して、東北地方の縄文時代の年輪酸素同位体比のマスタークロノロジーの構築に取り掛かっていた。この材は、すでに奈良文化財研究所の光谷拓実氏による年輪幅を使った年代決定により、BC 466 年の噴火によって埋没したことがわかっていた。

　当時はまだ、針葉樹で作ったマスタークロノロジーが、本当に広葉樹でも使えるのかどうか未知の部分が残っていたが、図 1（第 1 章）で示したように、2011 年末にはそれが可能であることがわかり、青田遺跡の研究に拍車をかけた。木村氏は、年輪幅によって相互の年代的関係性がわかっている多数のコナラの柱からいくつかの試料を選び、鳥海山の埋没木の試料とともにたくさんの年輪セルロースの試料を作成した。それらの試料は名古屋大学の私の研究室に送られ、速やかに分析された酸素同位体比のデータを木村氏が解析して、2012 年のうちには青田遺跡の構築の年代的経緯が明らかになった（図 37）。データ

からは、青田遺跡の建物群が、BC 530 年前後と BC 477 年前後の 2 回に分けて構築されたことがわかる。この遺跡は、その後、比較的速やかに廃絶したとされているので、もしかすると鳥海山の噴火（BC 466 年）が、その切っ掛けになっているのかもしれない。このような年代的関係性は、従来の放射性炭素年代法による解析では不可能な精度のものであり、酸素同位体比年輪年代法の有効性が鮮烈に明らかとなった。

多賀城跡の木柵にも応用

　新潟県や東北地方では、クリの大径木が柱材として広く使われており、それは古代史に頻繁に登場する太平洋側の多賀城の遺跡からも多数出土している。多賀城からは構築年代の異なる 2 列の木柵が出土しており、それぞれ 9 世紀と 10 世紀のものとされてきたが、その詳細な年代は不明であり、東北地方の古代遺跡の年代決定に使われている火山灰層（十和田 To-a）との関係からも、その年代の決定が期待されていた。

　2016 年に多賀城址の外周の木柵を構成するクリ材を、宮城県多賀城跡調査研究所の吉野武氏から大量に提供された木村勝彦氏らは、国立歴史民俗博物館の箱﨑真隆氏とともに、年輪セルロース酸素同位体比の分析に取り掛かった。得られたデータを箱﨑氏が総合地球環境学研究所の佐野雅規氏とともに作成した青森県のヒバ材をもとにした北東北の年輪セルロース酸素同位体比のマスタークロノロジー（箱﨑ほか 2017b）と対比したところ、年輪年代が決定できた（斎藤ほか 2018）。その結果、10 世紀とされてきた柵木の最外年輪の年代は AD 910〜917 年となり、9 世紀とされてきた柵木の最外年輪の年代は AD 790〜837 年となって、ともにこれまでの文献史学および考古学的な推定と整合的であった。いずれも樹皮が付いていなかったので、正確な伐採年代は不明であるが、もともとの年輪数が 50〜100 年程度の材であったことから考えると、試料の最外年と実際の伐採年の間には、それほど大きな年代差はないものと考えられる。それゆえこの年代は、遺跡に積もった火山灰層の形成年代との関係などを考える上でも、より詳細な研究に発展する成果である。

　青田遺跡や多賀城跡などの東北日本から出土する広葉樹材の多くは落葉広葉樹であり、光合成の期間が夏に集中していることから、酸素同位体比の個体間相関が高くなることが期待できるが、西日本に多いカシやシイなどの常緑広葉樹の場合はどうであろうか。以下、主に西日本の研究成果について見ていきたい。

2.　小さな杭や板でも測れる——奈良県茅原中ノ坊遺跡など

年輪数の少ない小径材の重要性

　一般に出土材への年輪年代法の適用を考える際には、どうしても年輪数の多い立派な材に目が行くことが多い。年輪数の多い材は、年代決定が確実にできるし、そこから得られたデータはマスタークロノロジーの構築にも使えるからである。しかし、大型建築材や木棺材などからなる、そうした立派な材は、通常、製材されていて樹皮はおろか辺材も付いておらず、伐採年代は全くわからないことが多い。また立派な材は転用される可能性も高いので、遺跡の年代決定という目的では、その年輪年代は使えないこともある。

　それに対して、水田の周囲を囲う矢板や水路の井堰に使われる丸杭などは、年輪数は少ないものの樹皮が付いたまま（あるいは樹皮を剝いだだけ）の状態で使われることが多く、また立派ではないという意味で、のちに転用される可能性も低い。そうした板や杭には、遺跡の周囲の雑木林から取得したと思われるさまざまな樹種の雑多な材が、無作為に使われていることも多く、農具や工芸品などのいわゆる木製品とは異なる重要な特徴がもう一つある。それは、酸素同位体比年輪年代法を応用するために不可欠な工程である「破壊分析」がしやすいという特徴である。実際、水路や水田の杭や板は年輪分析のための木材の部分的な切り取りを許可いただけるケースが多い。

　つまり逆説的ではあるが、年輪数が少なく年代決定が難しい無数の小径木こそが、樹皮付きで（樹皮直下の年層を含み）伐採年代の決定ができ、転用の可

能性もなく、破壊分析が可能であるという意味で、酸素同位体比年輪年代法を応用する上で最適のものなのである。

同時代性が期待できる多数の資料群

　このような小径木の代表である「水田や水路の杭列や板列」には、酸素同位体比年輪年代法を適用する上で、さらにもう一つ決定的に重要な特徴がある。それは、そうした杭列や板列は、しばしば同時に施工されたことが確実な多数の資料群からなるということである。その場合、多数の資料の同時分析によって、年代決定の結果の相互検証ができ、単独では年輪年代決定の統計的な精度が必ずしも保証できない場合でも、高い蓋然性をもって遺跡（杭列や板列）の年代が推定できる。

　同時代性の高い資料群の年輪セルロース酸素同位体比の変動パターンが、十分に対比可能であれば、それらを合成（パターンの一致するところに並べて、年ごとのデータを平均）することで、個々の小径木の年輪数を越えた、より長いデータを構築することもでき、それをマスタークロノロジーと比較することで、単独の小径木のデータを使うときよりも、より高い精度で年代を決定することもできる。

　もちろん、こうした出土材の資料群を酸素同位体比年輪年代法の対象とするためには、そうした大量の小径木を、出土時の詳細な層位学的情報とともに保管しておかねばならない。それは、これまでの埋蔵文化財行政の中では、保管作業の煩雑さや保管場所の確保の困難さから、とても対応できないものだったと思われるが、近年、酸素同位体比年輪年代法の認知度が上がるにつれて、多くの自治体で、このような資料の収集と保管が試みられている。ここでは、そうした資料の分析によって最近可能になった、酸素同位体比による年輪年代決定の実例を紹介したい。

大量に保管されていた遺跡出土材

　奈良県御所市にある茅原中ノ坊遺跡は、主に弥生時代〜古墳時代の流路、護

岸施設を検出した遺跡であり、近年では2013年から、奈良県立橿原考古学研究所による発掘調査が続けられてきた。共伴土器の型式から弥生時代後期のものと思われる、しがらみ（川の流れを堰き止める井堰）の遺構が見つかり、2014年に大量の芯持丸木の杭が発掘された。出土した杭材の中でも大きめの材は、その後のより詳しい分析のために凍結乾燥の処理が施され、残りの大部分の小さめの材は、水に濡れた状態でビニール袋に入れて保存されていた。2018年に同研究所の青柳泰介氏から連絡を受けた私は、2回に分けて橿原考古学研究所を訪れ、年輪数から酸素同位体比による年輪年代決定の可能性があると判定した丸杭から、円盤状もしくは半円状の試料を採取した。水漬け材と凍結乾燥材のそれぞれについて、最終的に9個体と6個体の試料の年輪セルロース酸素同位体比の分析が、総合地球環境学研究所（現・名古屋大学）の李貞氏の手で行われた（李・中塚 2020）。

　常温で水漬け状態にあった出土材の一部は、4年近くの間に劣化が進んでいたが、まだ十分にセルロースの抽出が可能な状態にあった。一方、凍結乾燥されていた出土材は、薄板を切り出す際に「脆く崩れやすい」という難点はあったが、セルロース自身は極めて良好に保存されていた。凍結乾燥材の方がもともとの径が大きいということもあり、年輪数が多く年代決定の成功確率が高いことが予想された。また多くの丸杭には、樹皮が付いている、もしくは、その形状から樹皮直下の年層を含むことが想定でき、最外年輪の年代が、伐採年代あるいはその直前に相当することが期待できた。

　これまでの年輪年代の研究で用いてきた木材と比較して、今回分析した出土材の特徴は、何といってもその樹種の多様さにある。測定した14個体の木材の内訳は、落葉広葉樹4種（ヤマグワ1、クリ1、エノキ1、ムクノキ1）、常緑広葉樹5種（サカキ5、クスノキ2、ヒサカキ1、スダジイ1、ツバキ1）であった。まさに当時の周囲の植生をそのまま反映したものであると考えられ、杭に使うために周囲の雑木林から無作為に木材が取得されたことが示唆される。分析に供した樹種は、このように多種多様であったが、そこから得られた年輪セルロース酸素同位体比の変動パターンは、次に示すように相互に整合的

表1　奈良県御所市茅原中ノ坊遺跡のしがらみ遺構の杭材の年輪酸素同位体比の変動。灰色の部分は、直接の相関ではなく、5年以下の短周期成分の相関に基づく結果である。(李・中塚 2020)

遺物番号	サンプル保存状態	年輪数	年代決定に用いた年輪数	相関係数	t	最外年輪年代(A.D.)	樹皮残存
W128	凍結乾燥	31	30	0.726	5.6	38	なし
W134	凍結乾燥	25	16	0.827	5.5	38	樹皮直下
W102	凍結乾燥	36	19	0.781	5.2	43	なし
W142	凍結乾燥	24	22	0.670	4.0	40	樹皮直下
W119	凍結乾燥	79	45	0.600	4.9	35	なし
W215	水漬保存	48	22	0.695	4.3	43	なし
W219	水漬保存	26	26	0.728	5.2	42	なし
W221	水漬保存	26	26	0.738	5.4	44	なし

な結果となった（李・中塚 2020）。

樹種の違いを越えた年輪年代の相互検証

　凍結乾燥された五つの木材の年輪セルロース酸素同位体比の変動パターンを、中部日本における年輪セルロース酸素同位体比のマスタークロノロジーの上に重ねて、両者の相関が最も高くなる区間を探すと、最大相関を示す区間における各試料の最外年輪の年代は、五つの試料のすべてで「AD 40年の前後5年間」の狭い範囲内に入った（表1）。五つの個体の樹種はすべて異なるが、酸素同位体比の変動パターンは樹種の違いを越えて高い一致を示し、丸杭が配置された井堰の構築年代が、AD 40年代であることを強く示唆している。

　年輪数が少ない水漬けの九つの木材の中には、十分な精度で年代決定に至らない資料も多かったが、その中でも、マスタークロノロジーとの相関が高かった三つの試料について、相関の最も高くなる年代がAD 40年代前半に収まり（表1）、その他の大部分の試料にも、相関の有意に高い年代がほぼ同じ区間に認められることがわかった。このように、一つの試料だけでは、十分な確証をもって年代決定に至ったとは思えないときでも、発掘現場の状況から見て、伐

採の同時性が強く示唆される、多数の多様な木材試料の年輪セルロース酸素同位体比の変動パターンを比較することで、より高い確度で、遺構の年代決定を行うことが可能になると考えられる。

3.　低コストでたくさん測れる──大阪府池島・福万寺遺跡など

実は非常に安い測定コスト

　年輪酸素同位体比の分析を行う際に、試料を提供される埋蔵文化財調査機関の方から質問を受けることの一つが、分析にかかるコストである。年輪セルロースの酸素同位体比の分析にかかる消耗品費は、木材の切り出しから、化学薬品を使ったセルロースの抽出、銀箔による年輪試料の梱包、同位体比質量分析計による酸素同位体比の測定までのすべての工程を合計しても、1試料（1年輪）あたり10円単位のコストがかかるに過ぎない。実際には、それに試料の処理に携わる技術者の人件費と、装置の減価償却費が加わるので、現実的なコストはその10倍以上になるが、それでも、数万円の単位になる放射性炭素年代測定の依頼分析などにかかる経費に比べたら、百分の一のオーダーである。安い分析コストの背景には、第4章で紹介したさまざまな分析手法上の技術革新があり、また電気代以外には特別な試薬を必要としないという熱分解元素分析計の特殊性もある。

　遺跡からはしばしば大量の木材が出土するが、現場の発掘担当者の皆さんであればわかるように、そのすべてを放射性炭素年代の測定に供することは、予算の制約上、不可能である。もちろんセルロースの酸素同位体比の測定にも、最終的には1台数千万円もする同位体比質量分析計が必要であり、初期投資は莫大なものになるが、最後の同位体比の測定だけを大学の同位体研究室や民間の分析会社などに委託することにして、第4章と第5章で述べた年輪からのセルロースの抽出や年輪の判定・カッティングの作業を、土器の修復や判別の作業と同じように、各自治体の埋蔵文化財調査機関の中で自ら行うことにすれ

ば、1 年輪あたり 10 円単位、つまり 1 出土材あたり 1000 円単位で、出土材の酸素同位体比による年輪年代測定を埋蔵文化財調査のルーチン業務の一環として行うことも、不可能ではないかもしれない。

　いずれにしても、分析にかかるコストが安いということは、遺跡出土材の年輪年代の研究に新しい大きな可能性を与える。

大量の出土材の年代から何がわかるか

　酸素同位体比年輪年代法を用いて、多数かつ多様な出土材の年輪年代が迅速で安価に決定できるようになれば、どのような遺跡の調査が可能になるであろうか。前節では、同じ年代・時代に施工されたことが明確な一連の杭列や板列などの出土材群の分析により、年代決定の確度を向上できることについて述べたが、一つの年代・時代の資料群だけでなく、それを同じ遺跡の中から出土したさまざまな層位面、すなわちさまざまな年代・時代の資料群に広げていくことで、遺跡の構築の履歴、すなわち過去の人々の生業の変遷を年単位で跡付けていくことが可能になる。また同じ層位面であっても、複数の杭列の構築の前後関係や、同じ杭列の中での部分的な修理の履歴などの判定が行える可能性もある。

　出土材群との層位的な関係が明確な形で出土した遺物、つまり出土材との一括性の高い遺物に精度の高い暦年代の情報を与えられることも、考古学への大きな貢献になる。特に、酸素同位体比年輪年代法で正確に年代の決まった木材群と一括して出土した、編年上の位置づけが明確な土器があれば、その土器編年に暦年代を与えられるので、そうした作業を日本全国で積み重ねていくことで、日本考古学の基盤である土器編年の地域間での併行関係と暦年代との関係を系統的に明らかにしていくことができるはずである。

　低湿地にある遺跡の周囲の溝などからは、しばしば過去のある時期に大量に廃棄されたと思われる無数の木材群が出土することがある。このような木材群は、前節までに紹介した柱列や杭列などとは異なり、年代的な相互の関係が全くわからず、実際に酸素同位体比年輪年代法を使って年代を決めても、百年を

越える範囲でバラバラの年代が得られることが多い。これまではこうした資料
は、年輪年代を分析しても遺跡の年代決定に資するところがないという意味
で、敬遠することが多かった。しかし、大量の木材を迅速かつ安価に分析でき
て、しかも第 8 章に示すセルロース酸素同位体比の年層内変動の分析などによ
り、小径の年輪数の少ない木材でも確実に年代決定に至るのであれば、こうし
た木材の年代データを積み重ねる、すなわち「廃棄木材の出現頻度の年代別ヒ
ストグラム」を描くことで、その遺跡における人々の活動の履歴を定量的に跡
付けることができるかもしれない。

　安価かつ迅速に大量の出土材の分析ができるということは、さまざまな研究
の出発点になるのである。

奇跡的に保管されていた大量の杭材

　これまでに行ってきた、遺跡出土材の大量分析の一例として、大阪府の池
島・福万寺遺跡から得られた、たくさんの水田の杭列に関する年輪セルロース
酸素同位体比の分析結果について紹介したい。池島・福万寺遺跡は、大阪府の
八尾市と東大阪市を流れる恩智川の洪水対策のための調整・遊水池の構築に伴
って発掘された、弥生時代から近世までの長期間にわたる水田跡の遺跡であ
り、1980 年代から長年にわたり調査が行われている。ここでは、度重なる氾
濫による断続的かつ大量の土砂の堆積によって、各時代の水田が当時の状況を
残したまま保存されており、大阪府文化財センターの井上智博氏らによって、
弥生時代以降の水田の形態の発達が詳しく跡付けられてきた。この遺跡からは
各時代の水田に関わる大量の杭列が出土しているので、酸素同位体比年輪年代
法の研究を行うのに、最も適した遺跡であることは明らかであった。

　2013 年の秋に、過去にこの遺跡の調査に関わっていた同志社大学歴史資料
館の若林邦彦氏とともに私は、東大阪市にある大阪府文化財センター中部調査
事務所を訪れた。そのときは「センターの建物の移転の際に、池島・福万寺遺
跡の出土材はすべて処分した」と聞かされ落胆して帰宅したのだが、その後
2014 年になり若林氏から井上氏に問い合わせてもらったところ、「池島・福万

寺遺跡の木材は、保存処理などの実習に使うために、すべて鳥取大学の中原計氏の研究室に移管してある」と聞き、早速、鳥取に赴いた。木材は水とともにビニール袋に入った状態で、長期にわたり常温保存されていたので、かなり劣化が進んでいたが、分析が可能な試料が含まれている可能性もあった。そこで一旦、すべての試料をお預かりして、総合地球環境学研究所の研究室に持ち帰り、すべての試料から、その一部分を分割採取させていただいた。2015 年の春のことである。

　当時の私たちは、極度に劣化した出土材を確実に分析する技術を確立しておらず、第 4 章 5 節で述べたように、池島・福万寺遺跡の資料分析も、最初は困難を極めたが、まさにこの資料を分析するために技術の改良に努め、ようやく2016 年になって良好なセルロースが抽出できるようになり、酸素同位体比のデータが安定して出始めた。

弥生時代の水田技術と気候変動

　この研究では、池島・福万寺遺跡の弥生時代中期後葉から後期の地層面から出土した水田の杭列や水路に溜まった流木の中から、計 36 点の出土材の年輪セルロース酸素同位体比の分析が行われた。その中には年輪数が少ないものや、年輪の認定が困難なものも多く含まれていたので、最終的に年代が推定できたものは計 17 点であった。その中でも、最も多くの試料を含んでいた杭列が、97 年に発掘された地層面の杭列 21（E 列）の 6 点なので、ここでは、その杭列 21 の年代を中心に紹介する。表 2 はこの 6 個体のデータの一覧であり、図 38 はその中でも特に統計的な精度が高い（t 値が 8 を越えている）杭材 E12 のデータを示したものである（同じく t 値が高かった E10 のデータは、第 4 章の図 28 に紹介した）。これらのデータからは、この杭列 21（E 列）が、AD 40 年代と 70 年代の 2 回にわたって施工された。つまり、AD 40 年代に一度作られて 70 年代に修復された、という可能性が示唆される（井上ほか2018）。

　当初、杭列 21（E 列）は、調査した地層面の凹凸の形状から、溜池の護岸

表2　大阪府東大阪市／八尾市池島・福万寺遺跡の弥生時代後期の杭列E
　　　の酸素同位体比年輪年代測定結果。最大相関係数は、マスタークロノ
　　　ロジーとの直接対比もしくは短周期成分（5年移動平均残差）の対比
　　　で計算した。（井上ほか 2018）

杭番号	年輪数	測定可能年輪数	マスターとの最大相関係数	t 値	残存最外年層年代
E 2	22	22	0.790	5.76	A.D. 35
E 5	63	27	0.724	5.25	A.D. 78
E 10	29	29	0.840	8.04	A.D. 46
E 11	21	21	0.785	5.52	A.D. 68
E 12	70	70	0.719	8.53	A.D. 73
E 21	26	26	0.624	3.91	A.D. 42

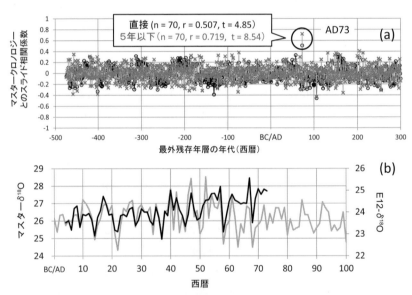

図38　大阪府池島・福万寺遺跡から出土した弥生後期の杭材 E12 の年輪酸素同位
　　　体比とマスタークロノロジーのスライド相関（a）、および合致年代におけ
　　　る両者の変動の照合（b）。（井上ほか 2018）

材として設置されていると考えられていた。実は、この AD 1 世紀の半ばという時代は、年輪酸素同位体比自体が明らかにする気候変動の観点から見ると、過去 2 千年以上の間でも、一種、特異的な時代であることがわかっている。それは、この時代には「気候が単に乾燥化するだけでなく、数年周期での気候変動の振幅が異常に大きくなる」ことである（第 7 章の図 51 参照）。その背景には、現代の天気予報にもしばしば登場するエルニーニョ南方振動現象などが深く関わっているものと思われるが、ここでは、その人間社会、特に水田稲作への影響について考えてみたい。年輪酸素同位体比が最も鋭敏に反映するのは、梅雨期の降水量の変化なので、数年周期でそれが激しく変動する時代には、当然、洪水や干ばつが毎年のように入れ替わり立ち替わり発生して、当時の人々を悩ませたことは想像に難くない。「溜池を作って、洪水のときにはあふれる水を池に導き、干ばつのときにはその水で水田を潤す」という、新しい水管理のシステムが、こうした気候条件のもとでできあがったということは、いかにもありそうなことである。

　もっとも、井上智博氏によれば、当初、溜池の護岸材と考えられていたこの杭列は、詳細に「地層の凹凸」と「杭列の方向」の関係を解析すると、どうやら別の目的で設置されていたらしいことがわかってきた。遺構や遺物の堆積状況に関する考古学的な専門的解析により、水田や水路、溜池などの構築・維持・廃絶の順番は、精緻に明らかにできる。その知見に、酸素同位体比年輪年代法を使って詳細な年代を与えることで、気候変動と人間社会の関係も、より正確かつ客観的に明らかにしていけるに違いない。

4.　文献史料と対比できる──奈良県平城宮跡など

普遍的な年単位での年代決定

　年輪年代法の最大の特長は、何といっても年単位で年代が決定できることにある。土器型式に基づく年代の推定はもとより、放射性炭素などによる自然科

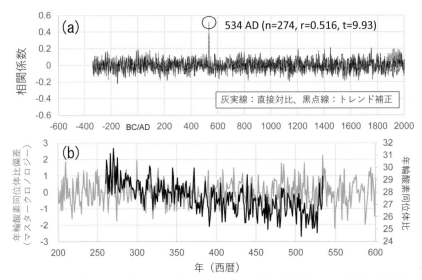

図 39　島根県松江市の史跡出雲国府の出土木柱の酸素同位体比による年輪年代決定
（a：相関解析による年代決定、b：決定年代における酸素同位体比の変動）。
（對馬ほか 2019）

学的年代決定法にも、通常、ある程度の誤差が含まれるが、十分に高い統計的
な精度で決定された年輪年代には、誤差がないのである。そのことは、年輪幅
に基づく年代決定でも年輪酸素同位体比に基づく年代決定でも、変わりはな
い。この事実は、遺跡出土材の研究に一つの大きな可能性を与える。それは、
歴史学で扱われる文献史料との直接的な対比である。

　第5章2節で紹介した島根県大田市平ノ前遺跡の出土材と同時に、島根県埋
蔵文化財センターから提供を受けて分析した松江市の「史跡出雲国府」の木柱
の場合、出雲国府に関する文献記録はもとより考古学的状況からも、その年代
は奈良・平安時代（8〜9世紀）になることが想定されていたが、実際に測っ
てみると、その柱の一番外側の年輪の年代は、極めて高い精度で、はるかに古
い AD 534 年となった（図 39）（對馬ほか 2019）。樹皮が付いていない柱材だ
ったので実際の年代はそれよりも新しいはずだが、年輪の形状から見て年輪直
下の年代と大きく外れていないと想像できる。いわゆる出雲国府の成立が、6

世紀までさかのぼることがないとすれば、史跡出雲国府における 6 世紀の大きな木柱の存在は、それが転用材だったとしても、この地域に大きな建物が 6 世紀には存在していたことを示すものである。この時代の日本における唯一の文献史料である日本書紀には「大和政権が屯倉を関東から九州までの全国に設置した」という記述が、AD 534〜535 年に相当する年にあるので、こうした記述との関係も興味深い。今後の調査の進展が期待される。

　次に、酸素同位体比年輪年代の測定結果が、有名な歴史上の文献記録と合致した例について紹介しよう。

有名な歴史の事象に対応した出土材

　それは、奈良文化財研究所の建物の改築工事の際に発見された大溝に投入されていた大量の大径木の年輪酸素同位体比である。2014 年の秋に同研究所の神野恵氏らから連絡を受けた私たちは、早速発掘調査中の現場を訪問し、巨大な切り株などのさまざまな樹種の雑多な木材が地下から大量に掘り出されている状況を目にした（図 40）。樹種が多様であることに加えて、幹だけではなく切り株が含まれることから、同研究所が長年取り組んできた年輪幅を使った方法では年輪年代の決定は難しいことがわかったが、年輪の形状が変形した切り株であっても、年輪さえあれば対比可能なデータを得ることができる酸素同位体比年輪年代法であれば、年代決定の成果が見込める資料群であることが一目でわかった。しかもすべての材には樹皮が付いたままになっており、伐採年代の判定も可能であった。

　この大溝は、平城京の建設当時、物資を遠方から船に積んで運んでくる際に利用した、現在も流れている秋篠川から、平城京の中に資材を搬入する際に利用した分岐状の水路の跡と考えられており、水路の法面に投入された雑多な木材の多くは、水路の補強用に置かれたものと推定されている。もっとも切り株などは、もしかすると水路を埋め戻す際に土砂の代わりに投入されたものである可能性もあり、その年代に興味が集まった。遺構の年代は、考古学的に見ても奈良時代初期であることは間違いなかったが、木材の劣化度は、樹種ごと個

図40 奈良県奈良市平城宮跡の平城京建設当時の大溝からの木材の出土状況（奈良文化財研究所提供）

体ごとにさまざまであり、針葉樹の中には現生木と同様の処理に供することができる材もあれば、広葉樹の中には完全に劣化して明らかに分析には適さない材もあった。しかし、同時期に伐採されたことが想定される一連の木材の年輪年代は、できるだけ多数測定した方が年代決定の精度が上がることは、前節までに紹介した通りである。それゆえ、前節の池島・福万寺遺跡の杭材とともに、この平城京の大溝からの出土材についても、第４章５節で述べた劣化材の処理技術の改良の際のテストケースとして、粘り強く分析を行った。

文献記録との年単位での一致

　よく知られているように、平城京の建設は、708年に元明天皇の詔によって始められ、710年には藤原京から平城京への遷都が行われたことになってい

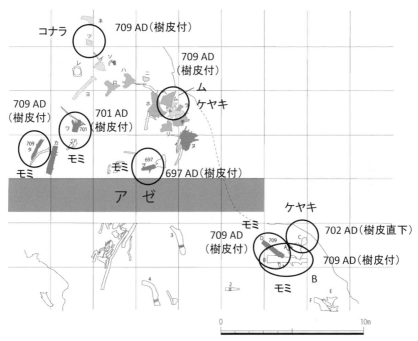

図 41　平城京建設当時の大溝から出土した木材の酸素同位体比年輪年代決定の結果
（図面は奈良文化財研究所提供）

る。大溝から採取されたモミやケヤキ、コナラなどのさまざまな樹種の年輪セ
ルロースの酸素同位体比を測定したところ、この大溝に投入された切り株など
の伐採年代（最外層の年代）は、酸素同位体比の分析から、すべて 709 年、も
しくはその直前に揃っていることがわかった（図 41）（中塚 2015b、中塚ほか
2015・2016）。このことは、「この水路の建設自体が、709 年（もしくはその直
後）に行われた」、あるいは「平城京の建設予定地で、709 年に整地のために
当時の植生の大規模な伐採が行われた」、そしてその際に生じた切り株や雑木
が水路の法面の補強などに使われた（もしくは水路を埋め戻す際に使われた）
可能性を示している。

　いずれにしても、文献に記された平城京の建設年代と、平城京の遺構から出
土した木材の年輪年代の間に、年単位での整合性があることが明らかとなっ

た。この年代自体は、すでに広く知られていたものであり、必ずしも私たちの日本史の認識に新しい知見を提供するものではないが、一方で酸素同位体比年輪年代法が、文献記録がない時代であっても年単位の精度で歴史の事実を明らかにしてくれることを証明している。なお、ここで酸素同位体比年輪年代法を適用した木材は、モミ、ケヤキ、コナラなどの針葉樹・広葉樹のさまざまな樹種からなる。それは平城京建設前のもともとの植生を表すと考えられると同時に、酸素同位体比年輪年代法の樹種を問わない性質を、改めて示している。

5. 自然木でも測れる——奈良県中西遺跡など

考古遺物としての自然木

　遺跡から自然木（農具や建築材、杭や板などの人間が作成した木製品ではなく、遺跡の場所にもともと生えていた立木や、洪水などで運ばれてきた流木）が出土した場合、埋蔵文化財の調査では、差し迫った調査期間との兼ね合いの中で、それらは木製品よりも低い扱いを受ける場合がある。「自然木だから持ち帰らない。図面を取らない」ということが行われる場合もままあるが、年輪年代法の対象として自然木を見た際には、全く異なる見方ができる。第一に、その自然木が年輪数の多い高齢木であった場合、その材はそのまま年輪幅や年輪酸素同位体比のマスタークロノロジーを構築するための貴重な資料となる。第二に、その自然木の最外年輪の年代、つまり枯死年が決定できれば、その自然木を枯死させた自然イベント（例えば、火山噴火や洪水発生などの災害イベント）の年代を決めることができる。第三に、その枯死年が、遺跡自体の年代を決める上で、遺跡の年代と枯死年の間に時間差がある可能性（立木が枯れてから長時間放置されていた可能性や、流木が過去に枯死した木の再移動によるものである可能性など）はあるものの、何らかの重要な情報源になる可能性がある。

　低湿地の遺跡から出土する自然木には、木製品とは異なり、遺跡から遠く離

れた深山に生えているヒノキなどの大径の針葉樹が含まれていることは少なく、もっぱら、遺跡の中もしくは周囲に生えている広葉樹を中心とした木が多い。そういう意味でも、酸素同位体比年輪年代法による年代決定の意味は大きいが、ここでは、そうした自然災害の年代を明らかにするための自然木の年輪年代の研究状況について、紹介したい。

火山噴火年代の決定

　福島大学の木村勝彦氏や国立歴史民俗博物館の箱﨑真隆氏らは、年輪セルロースの酸素同位体比を利用して、火山噴火に伴う火砕流堆積物などに埋まった各地の多数の埋没木の年代決定を行ってきた。先述の秋田県の鳥海山（BC 466 年）の他、島根県の三瓶山（BC 2021 年）、第8章に示す中国東北部の白頭山（AD 946 年）などの噴火年代である。それぞれ高樹齢の針葉樹が年代決定に用いられており、年輪年代の決定精度は極めて高い（木村ほか 2012・2014・2017b）。

　こうした火山噴火の年代の決定には、考古学のみならず、地質学をはじめとする自然科学にとっても大変大きな意義がある。それは、各々の火山噴火の際に放出された特徴のある組成の火山灰（テフラ）の層を、広域の地層の年代決定の「鍵層」として用いるテフラ・クロノロジーを構築していく際に、年単位で正確な噴火年代が、鍵層の直接的な年代情報になるからである。

　火山噴火は、気候変動や地震、津波、疫病などとともに、人間社会に甚大な影響を与える自然災害の一つであり、過去の火山の噴火に対する人々の応答のあり方は、考古学と歴史学に共通する重要な研究課題でもある。そういう意味でも、火山噴火の正確な年代を自然の埋没木の年輪年代から決定できることには、大きな意義がある。

洪水発生年代の決定

　次に紹介するのは、奈良県御所市中西遺跡から出土した立木群の年輪年代決定の事例である。中西遺跡は京奈和自動車道のインターチェンジの建設に伴う

図 42　奈良県御所市中西遺跡から出土した弥生時代前期末の埋没林（橿原考古学研究所提供）

埋蔵文化財調査の中で、奈良県立橿原考古学研究所が長期にわたって発掘してきた遺跡である。弥生時代前期末の水田に隣接していた里山が、洪水の土砂によって一気に埋まり、さまざまな樹種の多数の樹木が立木のままで地下に保存された特異な状態の遺構が、2010 年に発見されている（図 42）。当時はまだ、酸素同位体比年輪年代法は構想の段階でしかなかったが、植生史の専門家であった福島大学の木村勝彦氏の研究室と、総合地球環境学研究所に年輪酸素同位体比に基づく研究プロジェクトを申請していた私の研究グループが、それぞれ独自に膨大な数の立木の円盤試料の提供を受けることができた。

　翌 2011 年には、その酸素同位体比を使った年輪年代の決定に、名古屋大学理学部の 4 年生であった石田朗氏が、卒論研究の一環としてチャレンジしてくれたが、当時は紀元前の年輪酸素同位体比のマスタークロノロジーの精度は未だ低く、愛知県埋蔵文化財センターの樋上昇氏らから提供された弥生時代のさまざまな出土材の分析と併行して、試行錯誤を続けても、結局、この年のうち

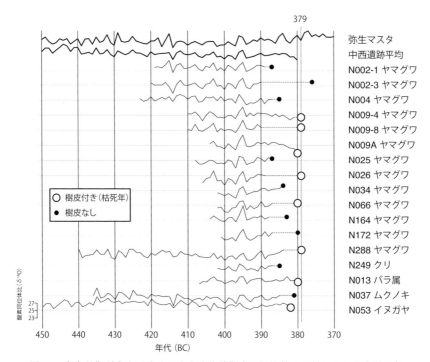

図 43　奈良県御所市中西遺跡の弥生時代前期末の埋没林から得られた立木群の年輪酸素同位体比の変動（木村ほか 2017）

に年代を決めることはできなかった。中西遺跡の埋没林の真の年代まで、当時の年代既知のマスタークロノロジーが到達していなかったからである。

　その後、少しずつ愛知県や長野県の古い年代の木材試料の収集と分析が進み、徐々にマスタークロノロジーは弥生時代前期に向けて延伸していった。そのデータを、福島大学の木村勝彦氏の研究室で引き続き測定されていた中西遺跡の埋没林の年輪円盤の酸素同位体比のデータと対比したところ、遂に 2015 年になって、その年輪年代が明らかになった。一つひとつの資料の年輪数は多くなく、t 値はそれほど大きくはなかったものの、多くの埋没木の最外年輪の年代が、BC 380 年前後に収斂していることがわかり、詳細なデータの解析から、埋没林の形成の切っ掛けとなった大量の土砂の流入を引き起こした洪水

は、BC 379 年に起きたらしいということが推定できた（図 43）（木村ほか 2017a）。

　この里山の埋没林の地層面は、土器型式から見て弥生時代前期末と考えられる遺構の面につながっており、今回の年代測定の結果は、国立歴史民俗博物館の藤尾慎一郎氏らが、土器付着炭化物の放射性炭素年代の測定に基づいて推定していた、弥生時代前期末の年代観（藤尾 2015）ともよく一致しており、弥生時代の年代観に基準となる定点を与えるものとなった。

第7章　マスタークロノロジーの拡充で広がる可能性

　　　　　　日々の天気予報に不可欠な気象観測データは、日夜取得され続けており、それらは気候変動の理解に不可欠な巨大なデータベースとして拡大し続けている。しかし、新しいデータは「現在」からしか取得できない。年輪セルロース酸素同位体比のマスタークロノロジーは、酸素同位体比年輪年代法に不可欠な物差しであると同時に、「現在」という時間の牢獄から解き放たれて、「過去」の気候変動を自由に明らかにできる、新しいデータベースでもある。このデータベースからは、何が見えてくるのだろうか。本章では、その最先端の景色を見ていきたい。

1. クロノロジーの延伸・拡充の状況

過去 5000 年前まで伸びた日本各地のクロノロジー

　第 5 章で詳しく説明したように、年輪セルロースの酸素同位体比を使って、木材の年代決定を行うためには、まず、そのマスタークロノロジーを構築する必要がある。過去何千年にもさかのぼって年代ごとに必要な数の木材を集め、精度の高いマスタークロノロジーを作ることは、極めて時間のかかる作業であり、本章 3 節で紹介する中部日本の過去 2600 年間のマスタークロノロジーの作成にも、正味、約 10 年の歳月が必要であった。しかし、年輪幅の測定のために多数の木材を長年にわたって収集してこられた年輪年代法の先駆的研究者や、新たに長寿命の現生木や古建築物の修理材、遺跡の出土材や自然の埋没木などを提供してくださる、全国の多くの林業関係者や寺社の修理関係者、埋蔵

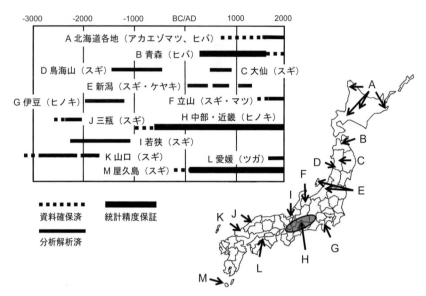

図44　2020年現在の日本各地における年輪セルロース酸素同位体比のマスター
　　　　クロノロジーの構築状況

　文化財発掘調査員、工事現場の担当者などの協力の下で、当初の予想以上のス
ピードでマスタークロノロジー構築のための木材試料の収集は進んだ。
　そうして収集した試料の年輪セルロースの酸素同位体比を、福島大学の木村
勝彦氏をはじめとして、総合地球環境学研究所の佐野雅規氏や李貞氏、国立歴
史民俗博物館の箱﨑真隆氏、さらに名古屋大学の修士や学部の学生の皆さん
（岡部雅嵩氏、大石恭平氏、石田朗氏ら）が、粘り強くかつ正確に分析し続け
たことで、現時点までに図44のように日本各地で5000年前までさかのぼっ
て、年単位で年代の確定したマスタークロノロジーが構築されてきた。この中
で中部日本や屋久島、青森を除く多くの地域と時代では、未だクロノロジーを
構成する樹木個体数が少ないため、統計的に十分な精度には至っておらず、年
代決定への試験的な応用が可能という段階に留まっているが、それらも含め
て、マスタークロノロジーの延伸と空間網羅度の拡大・稠密化、データの高精
度化の取り組みは、日々続けられている。

　図 44 からもわかるように、3000 年以上前の縄文時代については、水田の圃場整備などの工事に伴って、スギの自然埋没木が日本海側を中心に各地から見つかる。スギはもともと湿度の高い環境を好む樹木であり、人間による伐採が進む前は、日本海側の低湿地帯にも広く分布していた。縄文時代は未だ大規模な穀物栽培が行われておらず、平地にも巨木の林が残っていて、その高齢樹が湿地に継続的に倒れ込む一方で、幸運なことに徐々に湿地の埋没が続いた場合には、良好な状態でスギの巨木が地下に保存されることになったと考えられる。しかし、弥生時代以降、水田稲作が日本中で行われるようになり、多くの低湿地帯は農地に変貌して、杉の巨木林も姿を消していった。それゆえ、弥生時代から現在までの各時代のマスタークロノロジーの構築に利用できる木材は、主に年輪数の多い遺跡出土材、建築古材、現生木である。特に弥生時代については、土砂崩れなどで埋まった山岳地域の自然埋没木を除くと、低湿地の遺跡から出土する人間の手で伐採された木材が、マスタークロノロジー構築の主力となっている。

　問題なのは、縄文時代と弥生時代の端境期にあたる、BC 1000 年前後の縄文後期～晩期、弥生早期～前期の時代である。この時代になると、自然の巨木林は人間による伐採によって低地から徐々に姿を消していったと考えられる一方、年輪数の多い針葉樹の巨木を山地から切り出して遠くまで運ぶ能力は、当時の人々にはなく、低地の遺跡からは年輪数の少ない広葉樹の木材しか見つからない。逆に山に近い高地の遺跡では、そもそも地下水位が低く、木材が腐って速やかに消失するので、やはり適当な出土材は見つからない。結果として、図 44 にもあるように、BC 1000 年前後の時代をカバーできるマスタークロノロジーは、現在までのところ、福島大学の木村勝彦氏が構築した秋田の鳥海山の火砕流堆積物に埋まったスギの資料群からしか得られておらず、西日本の当時のデータが不足していて、この時代の年輪年代決定の成功率を低めている。

　縄文晩期から弥生前期の時代（BC 800～BC 400 年頃）は、数百年間にわたって放射性炭素の較正曲線がフラットになる、つまり太陽活動の継続的増大に伴う大気上層での ^{14}C の生成速度の継続的低下が、放射壊変に対応した ^{14}C 残

存量の時間変化を打ち消してしまい、放射性炭素年代測定では年代が絞り込めない時代にあたっている（2400年問題という。第2章の図3参照）。それゆえ、酸素同位体比年輪年代法による年代決定のニーズは高く、早期のクロノロジーの構築が求められている。もっとも最近は、水田稲作をしていなかった縄文時代には珍しい低湿地の遺構が縄文時代晩期からも見つかり、大量の針葉樹と広葉樹の木材が出土したりしているので、そうした材の分析を粘り強く進めていけば、早晩、縄文時代と弥生時代を連続的にカバーできる信頼性の高い長期のマスタークロノロジーが完成することは確実であろう。

日本各地の遺跡年代決定の成功事例

　図44のマスタークロノロジーを活用することで、前章でも一部を紹介したように、北海道から九州まで、さまざまな地域で出土材や建築古材の年輪年代の決定が進められてきた（図45）。特に、中部日本の過去2600年間に及ぶマスタークロノロジーが確立した近畿〜東海地方では、弥生前期以降のさまざまな時代の遺跡出土材の年代決定が行われており、青森、秋田、新潟などでマスタークロノロジーが構築されてきた東北地方およびその周辺でも、縄文時代以降のさまざまな遺跡からの出土材の年代が各地で決められている。

　しかし年代決定に成功した地域には、地理的濃淡もある。まだ関東と四国では、成功事例が少ない。四国では、そもそも酸素同位体比年輪年代法の応用例が少ないだけであり、関東でも、江戸時代などの年代決定の成功事例はたくさんあるが、先史時代の遺跡出土材の年代決定は、まだ十分に行えていない。その理由は、第一に、関東ではこれまで低湿地の遺跡の発掘事例が少なく、マスタークロノロジーが整備された弥生時代以降の出土材について十分な数の分析対象がなかったことがあげられる。第二に、年輪セルロース酸素同位体比の変動を規定する夏の気候は、関東ではヤマセの影響を強く受けるので、現地のマスタークロノロジーの構築が必要であったが、低湿地の遺跡から発掘された年輪数の多い適当な出土材がなかったことから、それが必ずしも進んでいなかったことがある。今後の出土材の発掘件数の増大が期待される。

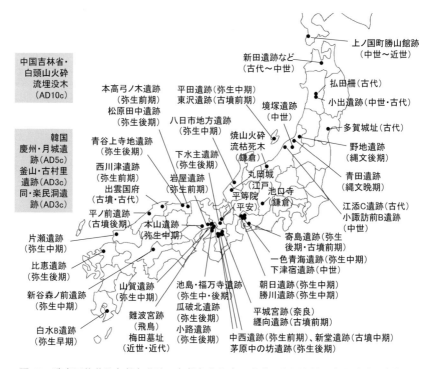

図45　酸素同位体比年輪年代法で年輪年代決定に成功した国内外の主な遺跡や文化財

韓国・中国など海外への進出

　図44のマスタークロノロジーは、韓国・中国などの海外の遺跡出土材や自然埋没木の年代決定にも、成功裏に利用されている。特に、国立歴史民俗博物館の坂本稔氏と箱﨑真隆氏らの手で、韓国南部釜山近郊の三国時代の集落址（3世紀）や新羅の王宮のある慶州月城の遺跡（5世紀）からの出土材の年輪年代が、本州中部から西日本、そして日本海側のマスタークロノロジーとの比較によって、正確に決定された。月城や釜山近郊のデータは^{14}Cウィグルマッチング法とも相互検証がなされ、両者がピッタリ一致することも確認されている。韓国南部は海外と言っても日本に最も近い地域であり、西日本や日本海側のマスタークロノロジーと現地出土材の年輪セルロース酸素同位体比の変動パ

ターンが一致することは十分に想定内であった（箱﨑ほか 2017c）。

　一方で、箱﨑真隆氏は、福島大学の木村勝彦氏と協力して、自ら作成した青森のマスタークロノロジーとの対比によって、同じ大陸でも日本から遠く離れた中国東北部（北朝鮮との国境）の白頭山の埋没木の年代（AD 946 年）を決定することに成功した（木村ほか 2017b）。これは、10 世紀に起きた白頭山の大噴火の際に火砕流に巻き込まれて埋没した多数の樹木の年輪年代分析によって明らかとなったものであり、これまでにも白頭山の噴火年代については埋没木の年輪の ^{14}C ウィグルマッチングや湖底年縞堆積物に含まれる火山灰層の年代などから議論されて、決着がついていなかったものである。箱﨑真隆氏は、酸素同位体比年輪年代法ともう一つ別の全く新しい年輪年代測定法でこの年代決定を行い、同じ結果（AD 946 年）を得ることにも成功している。もう一つの方法とは、名古屋大学の三宅芙沙氏らが発見した、過去に起きた太陽フレア現象に伴う ^{14}C の急増イベント（三宅イベント）を木材年輪の中の年代既知の「鍵層」として用いる方法である（Hakozaki et al. 2018）。両方法が同一の結果を出したことで、それぞれの信頼性が高まると同時に、日本海を挟んで東西方向に最も遠く離れた地点間でも、日本と大陸の高緯度地域の年輪酸素同位体比クロノロジーが、十分に対比可能であることもわかった。

現地クロノロジー形成の重要性

　本州中部から西日本のマスタークロノロジーは、本章 3 節に示すように、梅雨前線の位置を反映して、本州南部から九州、さらに揚子江下流域まで東西に長く延びた広域の夏の降水量の変動と、よく対応しているので、それらのクロノロジーは、中国東部からの出土材の年輪年代決定にも利用できるはずである。中国では先史時代から人々による木材の伐採圧が高かったため、黄河流域では早期から年輪数の多い木材が枯渇していたと考えられるが、揚子江流域を含む中国南東部では先史時代の出土材が多数見つかっている。これらの資料についても年輪セルロース酸素同位体比の分析を進めて、年代の確定している過去 5000 年間の日本のマスタークロノロジーと対比すれば、日本の「時計」を

中国の現地クロノロジーに輸出（転写）することができる。つまり日本発の技術と情報を使って、中国でも文献のない先史時代（4000〜5000年前の世界）へと木材年輪の研究を進めていくことができる。そうすれば、文書史料が豊富に残されてきた中国においても、年輪考古学の研究が、いよいよ脚光を浴びるようになるはずである。

　このように、日本の国内外で酸素同位体比年輪年代法の応用を広げていくためには、日本の国内各地だけでなく、東アジアの各国・各地域で先史〜現在の長期にわたる現地マスタークロノロジーを構築する必要がある。しかし、早くから文明の中心であり、木材資源が枯渇していた中国東部はもとより、韓国でも紀元前にさかのぼるマスタークロノロジーを構築できるような多数の遺跡出土材は、まだ見つかっていない。残念ながら中国や韓国における埋蔵文化財発掘調査の状況は日本とは違っていて、例えば、中国には全国に膨大な埋蔵文化財があることが予想される一方で、新幹線や高速道路の建設において、そうした埋蔵文化財が調査された形跡はあまりない。実際、過去数年の間に中国全体を縦横無尽にカバーする交通網を建設してきた中で、埋蔵文化財の調査に時間をかける余裕はなかったのかもしれない。一方、韓国の埋蔵文化財調査のあり方は、日本の制度に近いが、最近は民営化が進んでいるので、考古学的価値の低い自然木はもとより、取り扱いの面倒な木製品は一様に調査対象外にされてしまう恐れも指摘されている。しかし開発が進んでいるということは、出土材が日常的に発掘されているということでもある。年輪数が多い出土材は、たとえその考古学的な履歴や価値が曖昧でも、最低でもマスタークロノロジーの構築に資するものであることは間違いない。出土材の発見・収集・分析のためのネットワークを東アジア全体で確立していくことが望まれる。

東アジア広域データベースの構築へ

　マスタークロノロジーが各地で拡充してくると、各地域での年輪年代決定の精度が向上するだけでなく、もう一つ極めて重要な知見が得られる。それは、マスタークロノロジーの空間相関のパターンから読みとれる気候学的知見であ

る。総合地球環境学研究所の佐野雅規氏や国立歴史民俗博物館の箱崎真隆氏らによる研究から、温暖な時代（10世紀前後の中世温暖期など）には、屋久島と中部日本のクロノロジーの相関が高く、中部日本と東北北部の相関が低くなり、寒冷な時代（17〜18世紀の小氷期など）には、それらの関係が逆転することがわかってきた。日本の夏の気候を支配する小笠原高気圧とオホーツク海高気圧の勢力が本州上空でせめぎ合う状況が温暖期と寒冷期の間では変化しているということは、気候学的にも十分に考えられるが、その詳細な変化が年単位で歴史的に跡付けられる。それは、自然科学的な気候学の発展にとって重要であるだけでなく、過去の日本列島の人々の気候環境との関わりを通じて、歴史の理解を深める上でも重要な情報を提供してくれるはずである。

　こうした知見が、日本のみならず、東アジア全体、世界全体で広がってくれば、どうなるであろうか。それは、より広域かつ詳細な気候変動のメカニズムの解明につながると同時に、先史〜歴史時代を通じて、人々を悩ませ、その移住をも促したであろう、気候変動の実態を、点ではなく面的に明らかにしてくれるものとなり、考古学を含めた東アジア全域の歴史研究の発展の基盤となっていくことは間違いない。

2. 長期樹齢効果の歴史的背景

長期気候復元のための課題

　図44に示した年輪酸素同位体比のマスタークロノロジーは、年輪年代の決定と気候変動の復元という、全く異なる二つの目的で活用できる、まさに一石二鳥のデータベースである。しかし年輪年代の決定が、短周期成分を中心にした変動パターンの相同性に基づくスライド相関解析によって行われるのに対して、気候変動の復元では、必ずしもその短周期成分だけが対象ではなく、むしろ百年、千年単位の変動の方が、先史時代の人間活動の長期的変遷との関係を議論するためには、より一層重要になる。しかし、年輪データから気候の長期

変動を復元するためには、二つの課題、すなわち「異なる樹木個体間でのデータのずれ」と「個々の個体のデータに見られる樹齢効果」をいかに克服するかという課題があった。つまり、図44に示した全国各地のマスタークロノロジーは、年代決定のための即戦力になる一方で、気候復元のためには、今一歩、検討が必要なデータだったのである。

　このあたりの事情を、まず年輪幅を使った研究を念頭において説明してみよう。通常、一個体の樹木が持つ年輪の数は、最大でも数百年程度しかないので、何千年にも及ぶ長期の年輪幅のマスタークロノロジーには、当然、たくさんの異なる時代の異なる個体のデータが使われている。こうしたデータを使って、千年スケールの気候変動を議論する（例えば、弥生時代の気候と江戸時代の気候を比較する）ためには、全く別の個体のデータを比較せざるを得ない。しかし、異なる時代の異なる個体のデータを直接比較して、年輪幅の大小から気候の長期変化を議論することは、かなり難しい。まず、異なる個体は異なる場所に生えているので、元々の成長の環境が全く異なり、年輪幅が全く違う可能性がある。次に年輪幅には、幾何学的および生理学的な理由で樹齢とともに徐々に狭くなる樹齢効果があり、それが長期の気候変動のシグナルと干渉する。例えば気候が一定で、樹幹成長に供される光合成産物の総量が長期にわたって不変の樹木があったとしても、成長とともに年輪の円周は大きくなるので、年輪の幅は樹齢と共に狭くならざるを得ない（幾何学的理由）し、成長とともに幹の高さごとに配分される光合成産物の量も変わるので、それによっても年輪幅は変化していく（生理学的理由）。

　それゆえ年輪幅のデータから数百年、数千年スケールの気候変動を復元するためには、次のような手法がとられてきた。第一に地域全体で樹木の生息環境に大きな差異がないという前提のもとで、樹種ごとに樹齢効果の標準的パターン、つまり「気候が一定だったら、こんな風に年輪幅は樹齢とともに変化していくはず」という標準成長曲線（Regional Curve Standardization：RCS）を、さまざまな時代の莫大な数の個体から得られた「樹齢に対する年輪幅の変動データ」を平均することにより明らかにする。第二に、その標準成長曲線か

らの「個体ごとの年輪幅のずれ」を気候変動の影響と定義した上で、そのずれを年ごとに多数の個体間で平均して、気候の長期復元を行う（Esper et al. 2003）。

　年輪セルロース酸素同位体比の場合は、どうであろうか。これまでの多くの研究では、「年輪のセルロース酸素同位体比には、年輪幅とは異なり、樹齢効果はない」とされてきた。それは第3章で詳しく議論したような「変動メカニズムの普遍性」に基づいている。実際に広葉樹には樹齢効果がない場合も多い（Büntgen et al. 2020）が、針葉樹には生育環境によっては顕著な長期にわたる樹齢効果、具体的には成長とともに酸素同位体比が徐々に低下する効果が認められる場合がある。また、セルロース酸素同位体比の絶対値は、樹種が違うと大きく異なるだけでなく、同じ樹種でも生育環境（特に標高）の違いを反映して、同じ地域内でも大きく異なること、つまり個体間格差が存在することがわかっている。

　それゆえ、気候の長期変動の復元に利用できるマスタークロノロジーを作成するためには、こうした樹齢効果や個体間格差を補正する適切な方法が必要であった。しかし後述するように、年輪の酸素同位体比には年輪幅に用いられたRCSを適用することはできず、マスタークロノロジーの気候の長期復元への活用は、しばらくお預けとなっていた。しかし中部日本のデータを精査する中で、その解決の糸口が見えてきた。2017年のことである。

顕著な個体ごとの樹齢効果

　図47（162頁）は、本州中部の広域から得られたBC6世紀からAD21世紀までを網羅する全部で67個体の年輪セルロース酸素同位体比のデータを、全部そのままグラフにプロットしたものである（採取地点については、図46に示す）（Nakatsuka et al. 2020）。一見しただけで明らかなように、各個体の酸素同位体比の変動には、樹齢とともに長期にわたって酸素同位体比が徐々に低下していく樹齢効果が認められる。「酸素同位体比が長期にわたって低下していくということは、第3章の議論に基づけば、降水量が長期にわたって上昇し

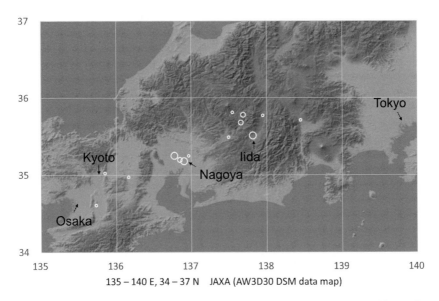

図 46　本州中部の広域からの 67 個体の木材試料の採取地点（市町村の役場所在地で表示）。○の大きさがサンプル数に対応（大：10 以上、中：4–9、小：1–3）。(Nakatsuka et al. 2020)

てきた証拠なのではないか」と思われる方もおられるかもしれない。実際に、このグラフの中にはその効果も含まれているが、図 47 をよく見ると、時代が経過して新しい個体がグラフに参入してくるたびに酸素同位体比は再び高くなって元に戻っていることがわかる。測定対象となる個体の選択は、あくまでも研究上の都合に基づき任意に行われているので、サンプルが新しくなる（若い個体が参入する）たびに同位体比が上がるのは、気候変動では説明できない。やはり、樹齢効果が効いていることは明らかである。

　実は次に示すように、この樹齢効果は「単純な樹齢効果」ではなかったのだが、その説明をする前に、セルロースの酸素同位体比と同時に測定していた水素同位体比の変動のグラフを示しておきたい（図 48）。第 3 章で詳しく議論したように、年輪セルロースの酸素と水素の同位体比は、ともに葉内水の同位体比を反映して、気候変動によって同調して正相関で変化し、実際にこのグラフ

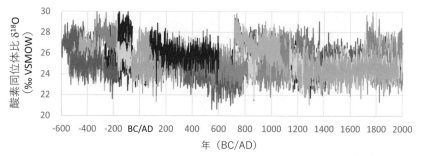

図47 本州中部の広域から得られた67個体の年輪セルロース酸素同位体比のデータ。年代は、年輪酸素同位体比の変動パターン自体の照合により決定した。(Nakatsuka et al. 2020)

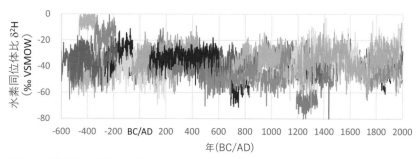

図48 本州中部の広域から得られた67個体の年輪セルロース水素同位体比のデータ。年代は、年輪酸素同位体比の変動パターンの照合により決定した。(Nakatsuka et al. 2020)

でもその短周期変動のパターンを見れば、以下に示すように両者はよく同調するが、その長周期変動パターンを比べると、明らかに酸素と水素は反対方向に（逆相関で）変化していた。つまり、酸素同位体比は樹齢とともに徐々に低下するのに対して、水素同位体比は樹齢とともに徐々に増大していたのである。ちなみに、この図48の水素同位体比は、第3章1節で述べた「セルロースの抽出中に試験管内の水と水素を交換してしまうOH基の水素」を除去するためのニトロ化の操作を行っておらず、セルロースのまま、つまり分子内の水素

全体の 30% にあたる OH 基の水素を含んだ状態で測定している。しかし板ごと抽出法の場合、すべての年輪は同じ試験管の水の中で処理されるため、試験管の水と水素原子を交換する OH 基の水素同位体比は、すべての年輪で同じ値になると考えられる。つまり、図 48 における水素同位体比は、変動の振幅こそ「30% の OH 基の水素同位体比が経年変化しない」という意味で「70% に縮小」しているものの、変動パターン自体はもともとのパターンを保持していることが、理論的にも実験的にも確かめられている。

　年輪セルロースの酸素と水素の同位体比が、長期的には概ね逆相関（酸素同位体比は低下、水素同位体比は増大の方向）で変化するという事実は、この長期変化が気候変動によるものではなく、第 3 章 3 節で式（9）と式（10）を使って説明したように「光合成後のセルロース合成に至るまでの間の糖類と水の間での二次的な同位体交換の割合が、樹齢とともに増大する」という樹齢効果で説明できることを示している。その理解に基づき、さらに年輪幅で行われてきた酸素同位体比の標準成長曲線（RCS）を求めることも考えられたが、個体ごとの状況を細かく見ていくと、残念ながらそれは不可能であることは、すぐにわかった。

背景にある成長環境の変遷

　図 49 と図 50 に、図 47 と図 48 の中に含まれる木曽ヒノキ 2 個体の年輪セルロースの酸素・水素同位体比を、それらの長周期変動と短周期変動に分けて示した。一つは、江戸時代中期に生まれた樹齢 300 年弱の個体から得られたもの、もう一つは、平安時代末期に生まれた樹齢 800 年を越える長樹齢の個体のデータの一部である。図には合わせて、年輪幅の変動パターンも表示している。図 49 と 50 からは、酸素と水素の同位体比の短周期変動に、明確な正相関の関係、すなわち、気候変動のシグナルが認められる一方で、その長周期変動には、概ね逆相関の関係があることがわかる。しかし、その逆相関の長期変動自体は、単純に樹齢とは対応していないこともわかった。つまり、「気候変動がなければ、年輪セルロースの酸素同位体比は、樹齢とともに多分こんな風に

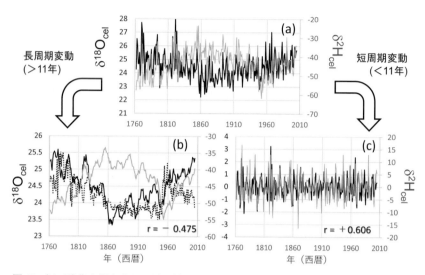

図49 江戸時代中期生まれの長野県上松町の木曽ヒノキの年輪セルロース酸素・水素同位体比の変動（a）とその長周期（b）と短周期（c）の成分への分解。（b）の点線は年輪幅の変動を示す。r は酸素と水素の同位体比の相関係数。(Nakatsuka et al. 2020)

低下したはず」という意味での標準成長曲線（RCS）は、少なくともこうした個体に対しては適用できないことになる。ちなみに、酸素と水素の同位体比の長周期変動（ここでは、11年以上の周期性の成分）をよく見ると、同じ方向に変化する年代もあることに気が付く。これは当然のことながら、気候変動には、短周期のもの以外に長周期のものがあるからだが、それゆえにこそ、酸素同位体比の長期変動のデータから、「樹齢効果」を消去して「気候変動」のシグナルだけを取り出すことが、重要な課題になる訳である。

　これらの個体の年輪セルロースの酸素と水素の同位体比の逆相関での長期変動の原因が、単なる樹齢でないとしたら、その変化を規定する要因は何なのであろうか。答えは、年輪幅との関係を見るとわかる。図49の個体は、18世紀に生まれた後、最初の約百年間に急速に成長し、その後徐々に成長速度が低下した。こうした成長パターンは木曽の山々に現在生えているヒノキの大径木に共通した特徴であり、17〜18世紀の江戸時代前期にそれまでの森林がほぼ皆

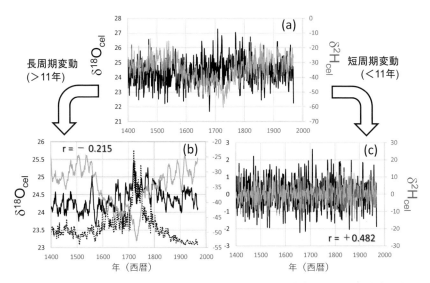

図 50　平安時代末期生まれの長野県大桑村の木曽ヒノキの年輪セルロース酸素・水素
同位体比の変動の一部（a）とその長周期（b）と短周期（c）の成分への分解。
（b）の点線は年輪幅の変動を示す。r は酸素と水素の同位体比の相関係数。
(Nakatsuka et al. 2020)

伐された際に、明るい環境下で一斉に芽吹いて急速に成長した無数の個体が、
その後の林冠の閉塞による光環境の悪化によって、徐々に成長速度を下げてい
った、という森林環境の変遷を反映している。興味深いことに、この個体は
1950 年頃に再び年輪幅が急に増大するが、これは第二次世界大戦で焼失した
都市の復興のために周囲の木々が材木として伐採されて、一時的に光環境がよ
くなったことに対応していると考えられる。一方で図 50 の個体の年輪幅の変
動も、同じ木曽の山々の歴史を反映しているが、この木は、江戸時代前期の森
林伐採の際に、その後の森林の再生のための種木として残された個体であり、
周囲の木々の伐採による日当たりの段階的な改善（1600 年、1710 年、1720 年
頃と確認できる）に伴って成長速度を上げた後、やがて周囲の若木が成長して
光環境が悪化してくるとともに、次第に成長速度を落としていった。
　図 49 と図 50 のそれぞれの個体に見られる年輪幅、すなわち成長速度の変化

と、酸素・水素同位体比の長期変動を見比べると、互いに驚くほどよく一致している。すなわち、森林の発達に伴う林冠の閉塞などにより年輪幅が小さくなると、酸素同位体比は低下し、水素同位体比は上昇するのに対し、周囲の木々の伐採などによって年輪幅が大きくなると、再び酸素同位体比は上昇し、水素同位体比は低下することがわかる。一般に樹木は人間と同じで、成長速度は若いときほど速く、老いると遅くなるので、年輪幅の減少とともに、酸素同位体比が低下、水素同位体比が上昇する効果が、「樹齢効果」として認定されてきた。しかし図49と図50からは、直接的には「樹齢」ではなく「成長速度」が、セルロース酸素・水素同位体比の生理学的な変動メカニズムとして作用していると考えられるので、伐採などの人為的改変が頻繁に加えられた日本の森林の木材の年輪酸素同位体比から気候変動を復元する際には、単に樹齢だけを考慮しても、その生理学的効果を差し引くことはできないことがわかった。

　ちなみに、なぜ成長速度が遅くなると、年輪セルロースの酸素同位体比が低く、水素同位体比が高くなるのであろうか。第3章3節の式（9）と式（10）を見ればわかるように、それは成長速度が遅くなると、「光合成の後の糖類と周囲の水の二次的な同位体交換率が上がること」で説明できる。まだ仮説の域を出ていないが、成長速度が遅い時期には、木部細胞におけるセルロースの形成速度も遅くなると考えられるので、師管を通して葉から木部細胞に供給されたスクロースのうち、直接セルロース合成に使われる割合に対して、木部細胞の日常的な代謝に使われる（すなわち、第3章の図19で示した三炭糖との間を行き来する）割合が増えて、その結果、木部の水（導管水）との間での酸素・水素原子の二次的な同位体交換率が上がるのかもしれない。これは樹木生理学にとって全く新しい発見の可能性があるが、気候変動の復元にとっては、厄介なプロセスであった。

3. 中部日本における長期気候変動の復元

酸素と水素の統合による樹齢効果の克服

　前述のように、年輪セルロース酸素同位体比の長期変動には、「樹齢効果」、正確には「成長効果」とも言える生理学的な効果が働いており、しかも「成長効果」は、酸素と水素の同位体比の間で、正確に逆の方向に働いていた。一方で、「気候変動」によって酸素と水素の同位体比は、正確に同じ方向に変化することもわかっている。そこで、第 3 章 3 節の式 (9) と式 (10) をもとにして、酸素と水素を組み合わせた連立方程式を解くことで、樹齢効果（成長効果）だけを除去し、気候変動の情報だけを抽出するという、全く新しい方法を考案した（Nakatsuka et al. 2020）。詳しい内容についてご興味がある方は、是非、そのオープンアクセス論文（文献リストの当該論文に付記された URL 参照）をご覧いただきたいが、以下、その要点だけを紹介する。

　ちなみに、酸素同位体比に見られる樹齢効果の実体が、年輪幅に反映される成長効果なのであれば、「年輪幅のデータを使って、樹齢効果の補正ができるのではないか」という発想が当然生まれる。実際にその可能性はあるが、そこには二つの問題があることが容易に予想できた。第一に、酸素と水素の同位体比の相関性が、経験的（図 49 と図 50）にも理論的にも（第 3 章 3 節の式 (9) と式 (10)）明確であるのに対して、年輪幅にはさまざまな複雑な要因が作用するので、酸素同位体比と年輪幅の関係は、少なくとも理論的には明確ではない。第二に、図 49 と図 50 のように、酸素同位体比と水素同位体比は、気候変動で正相関、樹齢効果で逆相関になるが、酸素同位体比と年輪幅は、気候変動でも樹齢効果でも同じ方向に変化するので、酸素同位体比と年輪幅のデータを組み合わせても、樹齢効果の影響だけをきれいに除去することはできないのである。

　さて、第 3 章 3 節の式 (9) と式 (10) を変形すると、以下のように、酸素

同位体比と水素同位体比の変化を、気候学的成分（気候変動によるもの：$\Delta\delta^{18}O$ セルロース (気候)、$\Delta\delta^2H$ セルロース (気候)）と生理学的成分（樹齢効果によるもの：$\Delta\delta^{18}O$ セルロース (生理)、$\Delta\delta^2H$ セルロース (生理)）に分けることができる。

$$\delta^{18}O \text{ セルロース} = \delta^{18}O \text{ セルロース}_{(0)} + \Delta\delta^{18}O \text{ セルロース(気候)} + \Delta\delta^{18}O \text{ セルロース(生理)}, \quad \text{式 (11)}$$

$$\delta^2H \text{ セルロース} = \delta^2H \text{ セルロース}_{(0)} + \Delta\delta^2H \text{ セルロース(気候)} + \Delta\delta^2H \text{ セルロース(生理)}, \quad \text{式 (12)}$$

ここで $\delta^{18}O$ セルロース $_{(0)}$ と δ^2H セルロース $_{(0)}$ は、任意に設定できる基準年の $\delta^{18}O$ セルロースと δ^2H セルロースである。$\Delta\delta^{18}O$ セルロース (気候)、$\Delta\delta^2H$ セルロース (気候)、$\Delta\delta^{18}O$ セルロース (生理)、$\Delta\delta^2H$ セルロース (生理) は、それぞれ、基準年からの気候学的、生理学的理由による酸素と水素の同位体比の変化であり、式 (9) と式 (10) に基づけば、具体的には、以下の内容からなる。

$$\Delta\delta^{18}O \text{ セルロース(気候)} = \Delta\delta^{18}O \text{ 降水} - \Delta h(9+29)(1-f_{(0)}), \quad \text{式 (13)}$$

$$\Delta\delta^2H \text{ セルロース(気候)} = \Delta\delta^2H \text{ 降水} - \Delta h(80+25)(1-f_{(0)}), \quad \text{式 (14)}$$

$$\Delta\delta^{18}O \text{ セルロース(生理)} = \Delta f[27-27-(9+29)(1-h_{(0)})], \quad \text{式 (15)}$$

$$\Delta\delta^2H \text{ セルロース(生理)} = \Delta f[150+150-(80+25)(1-h_{(0)})], \quad \text{式 (16)}$$

ここで、$f_{(0)}$ と $h_{(0)}$ は、それぞれ任意に設定できる基準年の「光合成後の導管水との二次的同位体交換率 (f)」と「相対湿度 (h)」であり、$\Delta\delta^{18}O$ 降水、$\Delta\delta^2H$ 降水、Δh、Δf は、それぞれ、基準年からの $\delta^{18}O$ 降水、δ^2H 降水、h、f の変化を表している。

ここで、図49と図50などで確認した、「酸素同位体比と水素同位体比の変動の気候学的成分が正相関、生理学的成分が逆相関の関係を持つ」という事実

を、正の比例定数 A と B を使って単純化して示すと、以下のようになる。

$$\Delta\delta^2 \text{H}_{\text{セルロース(気候)}} = \text{A} \times \Delta\delta^{18}\text{O}_{\text{セルロース(気候)}}, \quad \textbf{式（17）}$$

$$\Delta\delta^2 \text{H}_{\text{セルロース(生理)}} = -\text{B} \times \Delta\delta^{18}\text{O}_{\text{セルロース(生理)}}, \quad \textbf{式（18）}$$

上述の四つの式（11），（12），（17），（18）からなる連立方程式を解くことで、式に含まれていた樹齢効果（生理学的成分）だけを除去して、年輪セルロースの酸素同位体比の気候学的成分が、以下のように示せる。

$\Delta\delta^{18}\text{O}_{\text{セルロース（気候）}}$

$$= \frac{\delta^2\text{H}_{\text{セルロース}} + \text{B} \times \delta^{18}\text{O}_{\text{セルロース}}}{\text{A}+\text{B}}$$

$$- \frac{\delta^2\text{H}_{\text{セルロース (0)}} + \text{B} \times \delta^{18}\text{O}_{\text{セルロース (0)}}}{\text{A}+\text{B}}, \quad \textbf{式（19）}$$

Nakatsuka et al.（2020）の論文では、この式に、図47と図48に示した過去2600年間の中部日本における計67個体の年輪セルロースの酸素・水素同位体比のデータをあてはめて、気候変動の復元を行い、最終的に年輪セルロースの酸素同位体比の気候成分について、図51のデータを得た（論文の中にデータの URL が公開されているので、論文だけでなくデータも誰でもダウンロードすることができる）。実際の計算過程では、1）A と B の係数をどのように決めるか、2）樹木の生息場所の違いなどを反映した酸素・水素同位体比の個体間でのずれをどのように補正してデータを接合するか、3）酸素同位体比と比べて相対的に測定精度が低い水素同位体比の誤差の影響をいかに排除するか、等々に対する理論的・実践的な工夫が必要であったが、以下に示すように図51の復元結果は、日本の気候学、古気候学、歴史学的な気候変動に関わる史・資料と高い相関関係を示しており、これらの方法は、十分な蓋然性を持っ

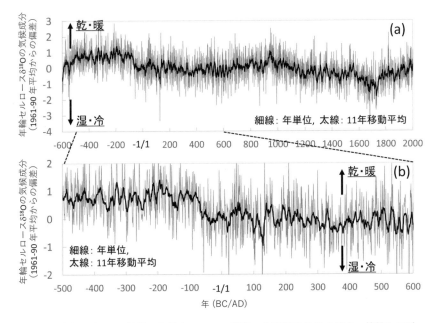

図51 中部日本の67個体の年輪セルロース酸素・水素同位体比を統合・接続して計算した過去2600年間の年輪セルロース酸素同位体比の気候成分（a）と弥生・古墳時代における拡大図（b）。(Nakatsuka et al. 2020)

ていることが実践的に証明できた。計算過程の詳細について確認されたい方は、是非、論文をご参照いただきたいが、ここで大事なことは、酸素と水素の同位体比を組み合わせるという、単純で予断を含まない方法によって、以下のような信頼度の高いデータが復元できたという事実である。

東アジアの夏季気候変動に対応

　一般に樹木年輪を使って気候変動を復元する場合、その短周期変動（数年から数十年の変動）には、高い信頼性が保証されているが、その長周期変動（数百年から数千年の変動）には、樹齢効果（成長効果）などの影響が色濃く残されていて、なかなか自信を持って気候の長期変動の議論ができないことが多い。この点、図51に示した「年輪セルロース酸素同位体比の気候学的成分」

というデータの特長は、短周期〜長周期のあらゆる時間スケールの気候変動を
切れ目なく復元しているということにある。このことは、前述の式（11）〜
（19）で示した理論的な背景に裏付けられていると同時に、以下に示すよう
に、日本のさまざまな気候学、古気候学、歴史学の史資料との対比によって
も、実際に確認できる。

　もともと、年輪セルロースの酸素同位体比は、第3章で詳しく議論したよう
に光合成の季節、すなわち夏の「降水（水蒸気）同位体比」と「相対湿度」と
いう二つの気象学的要素によって決まるが、それは、相対湿度だけでなく、降
水量や気温とも強い関係性を持っている。それゆえ、まず、そうしたデータと
の関係を確認する。図52a, b, c は、この年輪試料が採取された、東海〜近畿
地方の主な気象測候所（飯田、名古屋、京都）における、1901年以降の月降
水量、月平均気温、月平均相対湿度の平均値である。本州南部では、一般に春
は乾燥していて、梅雨入りと同時に降水量の増大とともに相対湿度も増大し、
梅雨明け後、やや降水量と相対湿度が減少して、秋になると秋雨前線や台風に
よって降水量と相対湿度が再び増大する。これに対して、図52d, e, f は、中部
日本の年輪セルロース酸素同位体比の気候成分と各地点の月別気象データの経
年変動の相互の相関を棒グラフで示したものである。10〜12月の気象データ
については、年輪の形成が秋までには終わることを想定して、翌年の年輪デー
タとの相関を示している。この図からは、年輪酸素同位体比の気候成分は、主
に梅雨時である6、7月の気温と正の相関、降水量および相対湿度と負の相関
を示すことがわかった。つまり、弥生時代以来の日本列島の人々の主な生業で
あった水田稲作の豊凶に大きな影響を与える夏の気温や降水量の変動が、図
51から読みとれるのである。

　次にこの年輪セルロース酸素同位体比の気候成分が記録している気候変動の
地理的範囲を示すために、東アジアの広域における6〜7月の降水量および平
均気温の変動と図51の変動の相関の大きさを、1901年以降のすべての年を対
象に計算して、図53に面的に表示した（なお計算には、オランダ王立気象研
究所が公開している Climate Explorer というサイトのシステムを利用してお

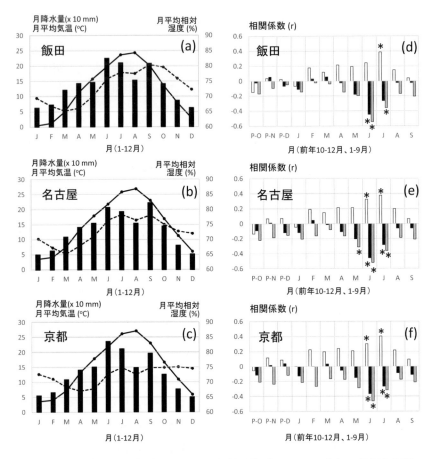

図52 飯田、名古屋、京都における20世紀以降（1901〜2005年）の月平均気温（実線）、月降水量（黒棒）、月平均相対湿度（破線）の平均値（a-c）とそれぞれの地点の月平均気温（白棒）、月降水量（黒棒）、月平均相対湿度（灰棒）の変動の中部日本の樹木年輪セルロースの酸素同位体比の気候成分との相関係数（d-f）。図中の相関係数の＊は、99％以上の有意性を表す。10〜12月については、樹木の成長が9月までに終わることから前年との相関を計算した。（Nakatsuka et al. 2020）

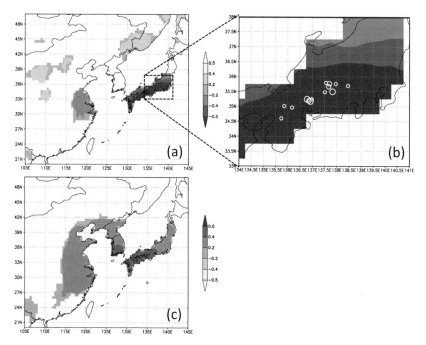

図 53　東アジアの広域における 6〜7 月の降水量（a, b）および平均気温（c）と、中部日本の年輪セルロース酸素同位体比の気候成分の間の空間相関分布（中央上下に示す色の濃さで、相関の大きさを示す）。計算にはオランダ王立気象研究所の Climate Explorer（van Oldenborgh and Burgers 2005）を用い、対比した気象観測データは CRU TS4. 03 の 1901〜2005 年の期間のものである。（a）と（c）の大部分を占める白色部分は、それぞれ高い相関（r>0.5, r<−0.5）を意味するのではなく、優位な相関（>90％）が確認できなかった地域を示す。（b）の○がサンプル採取地点で、○の大きさがサンプル数に対応（大：10 以上、中：4-9、小：1-3）。（Nakatsuka et al. 2020）

り、データさえあれば誰でも計算できる）。図 53a からは中部日本の年輪酸素同位体比が、関東から九州、さらに中国の揚子江下流までの東西に長い領域の降水量と、大きな負の相関を示すこと、さらにロシアの沿海州や中国の黄河流域などの東アジア北部の東西に広がる領域の降水量と、ある程度の正の相関を示すことがわかる。このことは、中部日本の年輪酸素同位体比が、東西に長く延びた梅雨前線の活動を反映していることを意味しており、梅雨前線が早く北

上して、本州南部が乾燥化（年輪酸素同位体比が増大）すれば、中国北部など
では逆に湿潤化するという関係を示している。図53c は中部日本の年輪酸素同
位体比の気候成分が、本州から朝鮮半島、中国東部の広い領域の気温とある程
度の相関を持つことを示している。これは「気温が上がると飽和水蒸気圧が上
がるので、"飽和水蒸気圧に対する実際の水蒸気圧の比"を意味する相対湿度
が下がる」という、気温と相対湿度との間の物理学的な逆相関関係に由来する
とともに、「日本では、降水量が多い夏は冷夏になる」という、気温と降水量
の間の気象学的な関係も反映したものである。いずれにしても、年輪酸素同位
体比を使えば、夏の気温もある程度の精度で復元できることを意味している。

あらゆる時間スケールの変動を切れ目なく復元

　図54 は、日本の近世と中世における文献史料、先史・古代の花粉データに
表れた気候変動の記録と、年輪酸素同位体比の気候成分の比較である。江戸時
代の日本では、武士から農民までさまざまな階層の人々が、日記に熱心に日々
の天候を記していたので、その記録を収集することで過去の気候・気象の変動
を、年はもちろん月〜日、あるいは時間単位でも復元することができる。まず
図54a は、三重大学の水越允治氏が近畿〜東海地方における 17 世紀以降の膨
大な日記史料を収集して、そこに記された日々の天候記録を雨の強度に関する
表現に応じて数値化して平均し、大阪における近代の梅雨期（6〜7 月）の降
水量の観測記録と比較して、降水量に換算したものである（水越 1993）。この
日記に表された降水量の変動は、中部日本の年輪酸素同位体比の気候成分の変
動とよく一致しており、年単位から数十年単位の変動まで、酸素同位体比がよ
く再現していることがわかる。また図54b は、立教大学の藤木久志氏らが編
纂した AD 900 年以降の日本全国（多くは京都およびその周辺）の中世の気象
災害関連の文書（藤木編 2007）の全体の中で、中部・近畿地方の新暦の夏（6
〜8 月）の時期の「水害関係の語彙が含まれる文書の数」を、同地方・同時期
の「水害と干害関係の語彙が含まれる文書の総数」で割った比（雨災害比率）
の変遷である。文書が示すように 10 世紀には干害の割合が多く、対応して年

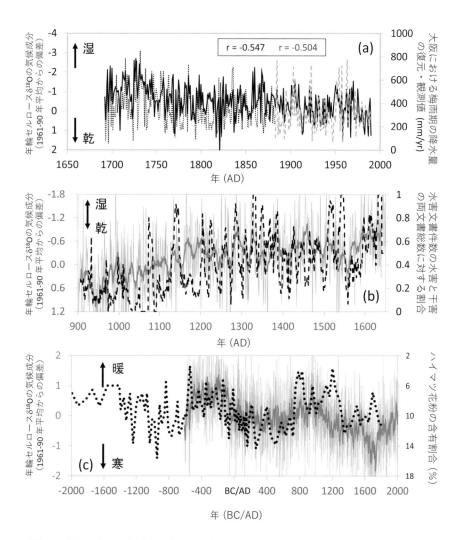

図54　中部日本の年輪酸素同位体比の気候成分（a：黒実線−年ごとの値、b, c：灰細線
　　　−年ごとの値、灰太線−11年移動平均値。aとbは、降水量の多い年が上側にな
　　　るように、酸素同位体比は上下反転させて表示している）とこれまでに得られ
　　　ている他の指標による古気候復元との比較。（a）大阪における梅雨期の降水
　　　量（水越 1993）；近畿・東海の日記史料からの復元（黒点線）と観測値（灰破
　　　線）。図中のrは、それぞれのデータと酸素同位体比の気候成分の間での相関係
　　　数を示す。（b）中部日本における水害と干害の気象災害記録の総数に対する水
　　　害記録数の割合（藤木編 2007 から計算）；11年移動平均値−黒破線。（c）尾瀬ヶ原
　　　の泥炭堆積物におけるハイマツ花粉の含有割合（％）（阪口 1989）；黒点線。[14]C
　　　による年代決定のため、年代には百年程度の誤差を含む。古墳時代以降は、堆
　　　積速度が遅いため、データの解像度が低くなっている。（Nakatsuka et al. 2020）

輪酸素同位体比も高いが、11〜12世紀に徐々に水害の割合が増加（酸素同位体比が低下）して、その後、鎌倉〜戦国時代を通じて、雨災害比率は大きく上下に変動した後、17世紀（江戸時代）になるとさらに水害の割合が増加（酸素同位体比が低下）する、というように、文書の雨災害比率と年輪酸素同位体比の長期的な変化傾向は、概ねよく一致することがわかった。さらに図54cは、東京大学の阪口豊氏が明らかにした尾瀬ヶ原の泥炭堆積物に含まれる寒冷地を好むハイマツの花粉の含有率の変動（年代は^{14}Cに基づいていて、100年程度の誤差がある）を示しており、一般にその含有率が高いほど夏の気候が寒冷で、低いほど温暖であると推察されている（阪口 1989）。中部日本の年輪酸素同位体比の気候成分の長期変動パターンは、泥炭の堆積速度の低下により花粉データの時間解像度が著しく低くなった古墳時代以降では年代の一致は曖昧になるものの、データの密度が濃い弥生時代などでは、ハイマツ花粉データの変動とよく一致していた。

　次の図55は、中部日本の年輪セルロース酸素同位体比の気候成分を、世界および東アジアの長期にわたる古気候復元結果と比較したものである。まず図55aは、北半球の広域におけるさまざまな古気候データを統合して復元された夏の気温の変動パターン（Mann et al. 2008）であり、その百年以上の時間スケールでの変動パターンは、年輪酸素同位体比のそれとよく一致している。次に図55bは、台湾の湖底堆積物から得られた珪藻化石群集に基づく夏の降水量の推定結果（Wang et al. 2013）であり、年輪酸素同位体比とは、約千年周期の変動が一致するとともに、堆積物の時間解像度が高くなる16世紀以降は、数十年周期の細かい変動もよく一致することがわかる。図55cは、中国北西部の甘粛省の二つの鍾乳洞の鍾乳石から得られた酸素同位体比の記録であり、樹木年輪の場合と同様に、降水量（乾湿）の変動に対応していると考えられている（Zhang et al. 2008、Tan et al. 2010）。中部日本の年輪酸素同位体比の気候成分とは、約千年の周期性においてよく一致しているが、重要なことは中部日本と甘粛省の間で、酸素同位体比の変動の向きが真逆になっていることである。これは、図53aに示した東アジアにおける夏の降水量変動の南北非対

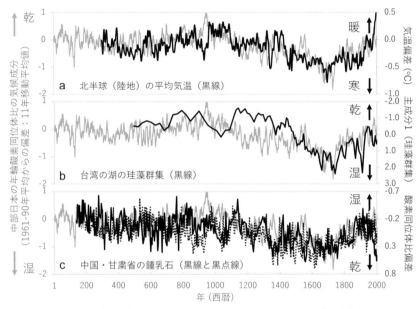

図 55　北半球の夏季平均気温（Mann et al. 2008）および東アジアの夏季降水量（Zhang et al. 2008、Tan et al. 2010、Wang et al. 2013）の古気候データと中部日本の年輪セルロース酸素同位体比の気候成分（灰線：11 年移動平均）の比較。（Nakatsuka et al. 2020）

称性を反映していて、本州中部で雨が多い（少ない）とき、すなわち、夏のモンスーンの勢いが弱く（強く）梅雨前線が日本付近に長く停滞（から早く北上）するときには、甘粛省では雨が少なく（多く）なることに対応しており、中部日本の年輪酸素同位体比から、東アジアの夏季モンスーンの変動が議論できることを意味している。

　このように中部日本の年輪セルロース酸素同位体比の気候成分（図 51）は、過去 2600 年間における日本と東アジアの夏の気候の変動を、年の単位から千年の単位まで、正確に記録しているものと考えられ、今後、このデータを用いた日本と東アジアの歴史学・考古学の研究が、大いに進められることが期待できる（実際、すでに多くの場面で使われ始めている）。以下、図 51 のデータの特徴を示しながら、日本史との関係性について、簡単に記しておきたい。

4. 最新データが示す新しい気候観と歴史観

約 1200 年周期での乾湿・寒暖の変化

　図 51 には約 1200 年の周期性が認められ、それは日本史の背景をなす夏の気候に大きな乾湿（暖寒）のサイクルを形成してきたと思われる。すなわち、弥生時代の中期と平安時代の前期が、乾燥・温暖の極であり、その反対に、古墳時代（特にその後期）と江戸時代の中期が、湿潤・寒冷の極にあたる。こうしたサイクルが何を意味するかについては、今後の考古学者や歴史学者による議論に期待したいが、以下のような論点が指摘できる。

　まず弥生時代全体の気候変動については、図 54c に示した尾瀬ヶ原の泥炭堆積物のハイマツ花粉データと合わせてみることが有効である。ハイマツデータにも千年スケールの周期性があり、その最寒期は BC 10 世紀にあたっている（西日本における最近の年輪セルロース酸素・水素同位体比の測定の進展により、BC 1000 年付近に年輪酸素同位体比の気候成分が極小値、つまり最寒期を示す時代があることもわかってきている）。国立歴史民俗博物館の藤尾慎一郎氏らによる土器付着炭化物の ^{14}C 測定結果に基づけば、BC 1000 年頃に北部九州に朝鮮半島から水田稲作が渡来し、その後、弥生中期（BC 4〜5 世紀）にかけて、徐々に日本海側を水田稲作は北上して、最終的には北東北（津軽半島）まで到達したことがわかっている（藤尾 2019）。その後、BC 1 世紀に、一旦、北東北での水田稲作は途絶して、平安時代まで復活しないとされているが、そうした一連の水田稲作の伝播と衰退の経緯は、図 54c に示した夏の気温の長期変化とよく対応している可能性がある。今後、^{14}C 測定法に加えて、酸素同位体比年輪年代法も使った水田遺跡の年代測定によって、こうした見方を検証・反証していくことが期待される。

　BC 1 世紀、すなわち弥生時代中期末の突然かつ大規模な湿潤・寒冷化は、古くから知られている西日本における「高地性集落」の出現に対応している可

能性がある。従来、高地性集落の形成は、弥生時代後期における戦争の発生などと関連付けて議論されてきたが、降水量の増大が低地における水害の頻発を招き、集落の移転を余儀なくされたとすれば、高地性集落の形成を気候変動と関連付けて議論することが、最も素直な解釈かもしれない。しかし高地性集落の出現の時期は、同じ西日本の中でも地域によって大きく異なっているとされている。こうした地域ごとでの社会変化の時期の違いが、気候変動に対する集落や農地の脆弱性の地域間での相違によるのか、それとも気候変動を含むさまざまな原因によって生じた地域間での政治的・社会的な関係の変化、例えば「降水量の増大が、雨が多く水害に脆弱な地域から雨が少なく水害に強い地域へと、人々の集団での移動を促した」ことなどを反映したものなのか、今後の詳細な研究が期待される（中塚ほか編 2020）。

　約1200年の大きな気候変動の周期性は、「弥生時代中期末の気候の寒冷・湿潤化が、その後の古墳時代に続く初期国家形成過程に、どのような影響を与えたのか」という論題や、「平安時代前期の急激な乾燥化とそれに引き続く平安時代後期の湿潤化が、律令制農地の崩壊・解体と荘園制農地としての復旧・再編にどのようにつながったか」という論題など、日本史の骨格に対しても本質的な問題を提起することになるかもしれない（伊藤ほか編 2020）。それらは本書の主題を大きく超えるが、今後の考古学者や歴史学者による本格的な議論を是非期待したい。その際には、従来の土器型式による相対編年に加えて、酸素同位体比年輪年代法を使った各地域での遺跡・遺構の暦年代の精緻化により、気候変動と社会応答の関係性の検証・反証が包括的に進むことが、合わせて望まれる。

数十年周期変動への着目

　千年スケールの大きな気候変動が、このように従来の考古学や歴史学の研究の文脈にも対応した大きな議論を惹起すると思われる一方で、図51のデータには、もっと短い時間スケールの年単位までの情報が詰まっている。こうした年単位のデータは、近世や中世では、年単位の時期が明記された古文書とその

まま対比することができ、実際に年輪酸素同位体比のデータは、すでに多数の日本の中世史や近世史の研究に活用されはじめている。また、先史・古代においても十年単位の気候変動のデータは、土器編年の時間スケールとほぼ合致するものでもあり、そうした十年スケールの気候変動と社会応答の関係性についても、考古学の研究者による先駆的議論が始まっている。

　一方で、図51のデータの最大の特徴は、あらゆる時間スケールの変動が切れ目なく（シームレスに）正確に表現されているという点にある。従来の古気候データは、「対象とする時代範囲は長いが、時間解像度が粗い堆積物など」のデータや、「時間解像度は細かいが、対象とする時代範囲が短いサンゴや樹木の年輪など」のデータに分かれていて、それらの時間解像度の異なるデータをどのように統合・接合するかが、古気候学の最大の悩みの種の一つであった。実際には、時間解像度が違うデータでは復元対象となる気候要素も異なるので、統合は事実上不可能であり、長い時間スケールと短い時間スケールの現象は、それぞれ別々に議論されてきた。唯一樹木年輪の場合には、年輪幅のデータを何千年もつなぎ合わせたクロノロジーが作られてきたが、そこには樹齢効果が含まれていることが多く、長期の気候変動の正確な復元が難しいことは、先述の通りであった。これに対して、図51では、長〜短の気候変動が切れ目なく再現されている。このようなデータは、これまで海外にもなかったものなので、世界でも類例のない全く新しい気候変動の研究ができる可能性がある（中塚ほか編　2021）。

　ここでは、こうしたデータを活用する際の一つの方向性として、「短い時間スケールの類似の気候変動の現象を、長い時代範囲の中から多数見つけて、時代を越えて、その人間社会への影響を比較分析する」というアプローチを提唱したい。特にその中でも、「さまざまな時代における数十年周期の気候変動の振幅の増大」に着目する。図51の年輪酸素同位体比の気候成分のグラフの中で、十年以上の周期の変動を理解するために表した「11年移動平均値」の変動をよく見ると、千年単位の変動や年単位の変動に注目しているだけでは気が付かない、数十年周期の変動の振幅の変調、つまり「振幅の突発的拡大現象」

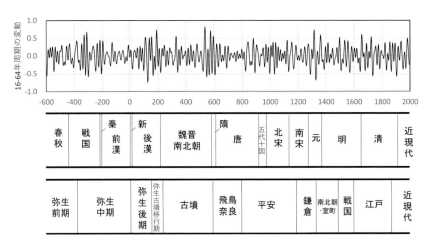

春秋	戦国	秦前漢	新後漢	魏晋南北朝	隋唐	五代十国	北宋	南宋	元	明	清	近現代

弥生前期	弥生中期	弥生後期	弥生古墳移行期	古墳	飛鳥奈良	平安	鎌倉	南北朝・室町	戦国	江戸	近現代

図56　中部日本の年輪セルロース酸素同位体比の気候成分から抽出された数十年（16〜64年）周期の変動の振幅変化と東アジア（日本と中国）の政治年表の対比。（中塚 2020）

が、さまざまな時代にあることがわかる。具体的には、BC 3〜4、AD 2、6、9〜10、13〜14、17〜18 世紀などであり、約 400 年に一度の割合で、数十年周期の気候変動の振幅の拡大が起きていることがわかる。この現象の自然科学的な「原因」は、未だ不明であるが、太陽活動の変動などが関係している可能性がある。しかし、ここでは、この現象の「原因」ではなく、その潜在的な「結果」に着目する。

　図56 は、東京大学生産技術研究所の水谷司氏に依頼して、図51 のデータを数学的手法により周波数ごとに分解して、そのデータの中に含まれる数十年周期の変動のみを抽出したもらったものであるが、約 400 年に一度の頻度で振幅が拡大することが示されている。興味深いことに、この振幅拡大の時期は、ちょうど東アジア（日本と中国）における時代の転換期に一致していることがわかった。中国史の研究では、これまでも王朝の交代が周期的に起きること（Dynastic Cycle）に対して、気候変動を含むさまざまな原因が提案されてきたが、その議論に決着はついておらず、社会に内在する問題が 400 年もすると積もり積もって爆発する、というようなイメージで漠然と理解されてきた（図

56 の年表参照）。しかし時代の転換は、興味深いことに中国だけでなく日本で
もほぼ同時期に起きていて、そうした時代には決まって紛争や飢饉などが頻発
している。もちろん、その中には東アジアの国際的関係が作用している例もあ
るはずだが、気候変動、具体的には、ここで示した数十年周期の気候変動の振
幅拡大のような外的要因が、国の違いを越えて作用していた可能性もあるかも
しれない。こうした仮説を証明するためには、今後、時代ごとに詳細な歴史学
的・考古学的研究を積み重ねて、さらにそれを時代間で比較していく緻密かつ
遠大な研究が必要になるが、その前に「数十年周期の気候変動の振幅が拡大す
ると何が起きるのか」について、簡単な考察（思考実験）をしてみたい。

数十年周期変動の意味

　図 57 に示した四つの円からなる概念図は、気候条件を含む自然や社会の環
境に大きな変動が起きたときに人間社会に何が起きるか、をイメージしたもの
である。あらゆる人間社会の人口と生活水準は、自然および社会の環境が許し
てくれる収容力（環境収容力）の範囲の中に収まっている必要がある。前近代
の農業社会であれば、農地面積や農業技術、それから気候条件などに左右され
る農産物の生産量の限界を越えて、野放図に人口や生活水準を拡大させられな
いことは、人々に深く自覚されてきた。あるとき、気候変動が起きて、寒かっ
た気候が暖かくなり、たくさんの農作物が取れるようになったとする。このよ
い気候の年が、わずか 1 年か 2 年で終わり、すぐに悪い気候に戻るのであれ
ば、人々はつかの間の豊作を神様に感謝して食糧備蓄に励むことはあっても、
よい気候の年に人口を無理に増やしたり生活水準を向上させたりすることはな
かったであろう。一方でよい気候の年が、ゆっくりとした気候変動の中で 100
年も 200 年も続くとしたら、人々は世代を越えて新しい気候に徐々に適応し、
それに見合った人口や生活水準を獲得していったであろう。その後、気候がゆ
っくりと悪化し始めたとしても、その変化が 100 年、200 年もかけて起きるの
であれば、やはり世代を越えて徐々に人口や生活水準を縮小させることで、ほ
ぼ無意識に対応できたと思われるし、その間に技術の革新や農地の拡大を行う

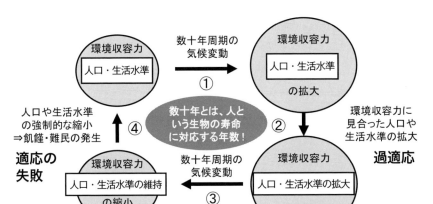

図57　数十年周期の大きな気候の変動が人間社会にもたらす影響の概念図。数十
年周期の変動は、人間の記憶に残りにくく「予測」が難しいが、人口調整
などの社会的な「対応」も難しい。"より短周期"の変動であれば②が生じ
ないし、短期備蓄でも④が乗り切れる（予測可能）。"より長周期"の変動
であれば、④への対応に時間的余裕がある（対応可能）。

ことで、積極的に人口や生活水準を維持向上させる時間的余裕があった可能性
もある。

　しかしよい気候の年が10年から20年も続き、その後に悪い気候の年が10
年から20年も訪れる場合、すなわち数十年周期の大きな気候変動が起きた場
合はどうであろうか。環境収容力が拡大して10年もすれば、人々はその環境
に慣れ、人口を増やし生活水準を拡大することは、想像に難くない。問題は気
候の悪化が始まったときである。悪い気候が1年や2年で終わるのであれば、
気候好適期に大量に蓄えた食糧備蓄を活用して乗り切ることは容易だが、凶作
の年が長引けば、すぐに食糧備蓄は底を尽き、耐乏生活を余儀なくされる。拡
大した人口を飢饉が襲う中で、気候好適期に生まれて豊かな生活を享受するこ
とに慣れた多数の若者たちを中心にして、縮小した環境収容力に適応すること
は困難を極め、紛争の発生や難民の流出など、社会を不安定化させるさまざま
な問題を引き起こしたと考えられる。

　以上は、完全な思考実験であるが、図56 に示した「中部日本の年輪酸素同位体比の気候成分における数十年周期変動の振幅拡大期と東アジアの国々の時代の転換期の年代的な一致」は、時代を越えて気候と社会をつなぐ、このような共通のメカニズムが存在していた可能性を示唆している。こうしたメカニズムを実証・反証するためには、気候変動に対する社会応答の実態について、時代や地域を越えた比較史の研究を、酸素同位体比年輪年代法も活用して、考古学的・歴史学的に進めていく必要がある。こうした比較史の研究は、現在の考古学や歴史学の主流をなすものではないが、その本当の重要性は、「数十年周期で起きる環境変動が人間社会に甚大な影響を及ぼす」という構図が、決して過去のものではなく、資源枯渇や環境破壊、気候変動や地震、疫病、経済システムの変化など、さまざまな外的・内的な理由で起きる「現在の地球環境問題一般」と通底することにある。「現代」から「未来」を見通すことが困難な状況の中で、「未来」と同様に「現代」とは全く異なっていた「過去」の社会から、さまざまな普遍的教訓を引き出すことができる歴史学や考古学の研究への一般の人々からの期待に応えるためにも、これからの比較史の研究の発展に期待したい。

5. マスタークロノロジーのさらなる拡充の必要性

年代決定と気候復元の高精度化

　本章1節の図44で紹介した日本列島における年輪セルロース酸素同位体比のマスタークロノロジーは、まだ完成したとは言えず、年代決定と気候復元の高精度化のために、引き続き不断に発展させていく必要がある。具体的には、1）縄文中期を越えて、さらにより古い時代を目指す、2）関東など日本国内でもクロノロジーがまだ確立していない地域でデータを拡充する、3）クロノロジーの統計学的信頼度が低い時代・地域で追加の測定を繰り返し、精度を向上させる、4）東アジア全体さらに世界中で、より広く、より古く、より精度よ

くクロノロジーを構築する、ことなどが求められる。さらに水害や干害などの
災害史の研究とも連携して、気候変動の詳細な復元を行っていくためには、ひ
と夏の平均降水量や平均気温を表すに過ぎない「年単位のデータ」では時間解
像度が粗すぎるとも言えるので、年輪数の少ない小径木の年代決定のために年
輪から得られる情報量を増やすという意味でも、5）年層を細かく分割して、
酸素・水素同位体比の年層内変化（季節変化）を測定して、そのマスタークロ
ノロジーを作成する取り組みに着手することなども必要になる。

さまざまな関連分野への波及効果

　こうしたマスタークロノロジーの拡充は、試料が簡単には確保できないこ
と、同位体比の高精度測定に多大な労力がかかること、さらには自然科学的な
論文執筆では国際的に先行研究が少なく学問的な評価を受けにくいことなど、
あらゆる面で一朝一夕には進みにくい。しかし、より多くの時代や地域でクロ
ノロジーが拡充・確立することは、以下のように、さまざまな関連学問分野へ
の波及効果が確実に期待できるので、多くの理系研究者の参入が期待される。

　第一に、全くの未開の分野であり今後の本格的な発展が期待されるのが、地
球温暖化の将来予測を視野に入れた気候変動メカニズムの全面的な解明を目指
す、その気候学的応用である。先述の図 51 のように、あらゆる周期の気候変
動を切れ目なく復元できるデータは、これまで世界に存在しなかったので、最
新の数学的手法を駆使して、その周期を跨いだ変動の解析を行うことによっ
て、これまでの「対象となる変動周期が限られた古気候プロキシー」では不可
能であった、新しい気候変動のメカニズムの解明に向けた研究が始められる可
能性がある。

　第二に、日本と世界の歴史の背後にある気候変動と社会応答の関係について
の客観的理解の促進に向けた、その歴史学的応用である。図 51 に示したデー
タの一部は、すでに多くの日本の歴史学者、考古学者によって活用され始めて
いる（中塚監修 2020-21）が、マスタークロノロジー、特に酸素と水素の同位
体比を統合した年輪酸素同位体比の気候成分の復元が、中部日本の過去 2600

年間だけでなく、国内外の多くの時代と地域において進めば、縄文中期の三内丸山遺跡や、中国の夏王朝など世界の先史・古代文明の成立と衰退の背景となった気候変動の全貌が年単位で理解できるとともに、古代から現代までの国内外の文献に書かれた歴史事象と気候変動の関係も、より詳細に議論することができる。

　第三に、酸素同位体比年輪年代法の主目的である遺跡と遺物の年代決定および、気候変動などの環境要因と社会応答の年代的な関係性の解明に向けた、その考古学的な応用である。本章1節の図45で主な事例を紹介した酸素同位体比年輪年代法の適用は、まだその本格的な展開が始まったばかりであり、その陰には第5章でも紹介したようにさまざまな理由で年代決定に失敗した事例がたくさん存在する。既存のクロノロジーの精度の向上、その長い時代範囲への延伸、空間的網羅度の緻密化により、年輪年代の決定が可能になる出土材の数は、飛躍的に拡大していくことは間違いない。

　マスタークロノロジーの拡充こそが、あらゆる意味で、酸素同位体比年輪年代法の最も重要な基盤になるのである。

データの延伸と追加に向けた課題

　マスタークロノロジーの拡充のためには、その基盤となる木材資料の収集に向けて、広範な関係者の協力を得ながら、計画的な取り組みを進めなければならない。本章の最後に、これまでも進めてきたマスタークロノロジーの構築のための木材資料収集の課題について、まとめておきたい。図44に示した現在のマスタークロノロジーのデータは、大きく分けて主に4種類の木材から得られたものである。1）現生の高齢木、2）古建築物の修理の際に得られる構造材の端材、3）遺跡から発掘される出土材、4）河川改修や土地改良などの土木工事の際に得られる自然の埋没木である。

　今後、縄文中期からさらに過去にさかのぼってクロノロジーを延伸していくためには、1）や2）はもとより、3）の可能性も低いため、4）の自然埋没木の収集を意識的に進めていかねばならない。縄文時代の日本海側の低湿地には

スギの巨木林が多数分布していたと考えられるので、そうした地域からは、これからも多くの大径のスギの丸太が出土する可能性がある。また過去に起きた土砂崩れや火砕流などの災害の際に埋没した樹木が、全国各地の土木工事現場で出土してきた。もちろん、工事は埋没木の発掘のために行われる訳ではないので、事前に埋没木があるかどうかを予測することは不可能である。しかし、大量の木材が出土した際には、地元の教育委員会などに情報が寄せられることが多いので、年輪年代法の関係者が木材の出土時に情報を把握できる可能性もある。酸素同位体比年輪年代法のネットワークを広げて、そうした情報を確実に収集できる体制を整えることが理想的である。

　水田稲作が始まった弥生時代以降の低湿地の遺跡には、大小の木材が腐ることなく埋没していることが多い。そうした木材の中には、年輪数が百年を越える材が含まれていることも稀ではなく、それが実際に、図44のマスタークロノロジーの構築の主力になっている。年輪数の多い出土材、特に木製品は、貴重な文化財であることが多く、酸素同位体比年輪年代決定の主な対象となる無数の樹皮付きの矢板や丸杭などとは異なり、破壊分析が難しい資料も多く含まれる。そうした木材からも外形を大きく破壊することなく、必要最小限の年輪試料を収集して、かつ収集箇所を完璧に修復できる技術が構築できれば、マスタークロノロジーの拡充の可能性が大きく開ける。一方で発掘現場の調査員の方々に必ずしも知られていない事実は、マスタークロノロジーの構築に資する「年輪数の多い木材」は、必ずしも「大きな木材」とは限らないということである。実際、長径5cm大の木材の切れ端に100年以上の年輪が含まれていることも、しばしばある。出土材であれば、何でも酸素同位体比年輪年代決定やクロノロジー構築の対象に成り得ることについて、理解を広げねばならない。

　いずれの場合も、マスタークロノロジーの拡充のためには、今後も工事現場で偶然見つかる自然埋没木や、新たに発掘される（あるいはすでに発掘されて保管されてきた）遺跡出土材の情報が系統的に集積され、年輪セルロース同位体比の分析担当者が実際に年輪試料を取得して、マスタークロノロジーの構築に活用していける体制が必要になる。そのためには、酸素同位体比年輪年代法

の情報収集のネットワークを、日本全国の自治体の教育委員会や埋蔵文化財調査機関などを中心に広げていくとともに、貴重な出土材から丁寧に年輪試料を取り出して、必要に応じて文化財の完璧な修復が行える技術を構築するとともに、得られた年代決定と気候復元に関するデータを提供者にお返しすることで、酸素同位体比年輪年代法を巡るすべての関係者が、互恵的な協力関係を構築できるようにしていくことが重要である。

第8章　酸素同位体比年輪年代法の未来

　　　酸素同位体比年輪年代法が目指す究極の目標は「あらゆる木材の年代
　　決定」と「気候変動の精密復元」である。そして、それら車の両輪から
　　得られる研究成果を組み合わせれば、「気候変動に対して人間社会がど
　　のように対応してきたか」を、実証的かつ全面的に明らかにできる可能
　　性がある。私自身の望みは、そのことにより、自然・社会環境の大きな
　　変動に晒されている私たち自身が未来を展望する際の知恵を歴史から得
　　ることだが、本書の最後に、最先端のアイデアと分析・解析技術を駆使
　　することで、先史・古代の年代決定と気候復元の先に何が見えてくるの
　　か、その未来予想図をお見せしたい。

1. 年層内変動解析への挑戦

あらゆる出土材の年代決定を目指して

　本書では「酸素同位体比年輪年代法を使えば、年輪数が30〜50年程度あれ
ば、あらゆる樹種のあらゆる木材の年輪年代決定が可能になる」ということを
説明してきた。しかし、遺跡発掘をしておられる皆さんであれば誰でもおわか
りのように、遺跡から出土する木材の大部分は「年輪数が10年程度しかない
小さな木材」である。そうした木材は「樹皮が付いていて伐採年代が推定可能
であり、転用の可能性が低くて伐採年代が遺跡の年代に近い可能性が高く、ま
た無数にあるという意味で破壊分析も行いやすい」のだが、年輪数が少ないが
ゆえに、年輪年代決定の対象にすることは難しい。つまり、これまでの酸素同

位体比年輪年代法では、貴重な遺跡出土材から得られる可能性のある情報の大部分を、みすみす取り逃がしてきたのである。

　こうした小さな材、いわゆる小径木の年輪年代を一網打尽にすべて決定してしまうということが、酸素同位体比年輪年代法に残された最大の課題であり、本節ではまず、その最前線の取り組みについて紹介する。その方法とは、第3章の図22でも紹介したセルロース酸素同位体比の季節変動（年層内変動）の分析・解析である。

酸素同位体比の情報は無限大！？

　年輪数が10年の小径木を手にしたとき、そこからは10個の年輪幅のデータしか得られないことは言うまでもない。わずか10個のデータでは、それを標準年輪曲線（マスタークロノロジー）と対比した際に、見かけ上、相関が高くなる場所が考古学的な想定年代の範囲内だけでも何箇所も発生してしまい年輪年代の決定には至らないことは、第5章でも詳しく議論した通りである。ところで、年輪幅のデータは年輪の数以上に増やすことはできないが、セルロースの酸素同位体比の場合は、一つひとつの年輪を端から端まで細かく刻んで分析することで、原理的には年輪の数と比べて無限に多くの情報を取り出すことができる。

　第3章の図22に示したように、そのデータ、すなわち酸素同位体比の季節変動は気候の季節変動に対応しているので、樹木の種類や個体の違いを越えて、あらゆる木の中にある程度同調して刻み込まれている。このセルロース酸素同位体比の季節変動に関する新しいマスタークロノロジーを作成すれば、あらゆる小径木の年輪セルロース酸素同位体比の季節変動データをこれと対比することで、年輪数が10年程度の木材であっても、あまねく年代決定を行える可能性がある。

　もちろん、先史・古代の数千年に及ぶ歴史を対象にした場合、年単位のマスタークロノロジーを作るだけでも大変な作業だったのに、それをさらに細かくした季節変動レベルのマスタークロノロジーを作るには、想像を絶する時間と

労力、そして年輪を細かくかつ正確に切り刻む技術と忍耐力が必要になることは、想像に難くない。しかしそこには、これまでの年輪年代法の視野に入っていなかった全く新しい年輪年代学、気候復元学、樹木生理学のさまざまな発見があることも疑いがない。ここでは、すでに始まっているその研究の一端を紹介したい。

年層6分割という戦略

　年輪セルロース酸素同位体比の季節変動を分析するためには、第4章で説明したように、セルロースだけになった白い繊維の板状の塊から、一つひとつの年輪の内部を、さらに細かく剥離していくことになる。この際、原理的にはいくらでも細かく切り出すことはできる。つまり、年輪の幅さえ広ければ、一つの年輪を10個に分割することも100個に分割することも、自由自在である。実際、成長の早い木であれば、年輪の幅が一つ数センチに達することも珍しくはないので、分割数を大きくすることに制限はない。しかし、さまざまなことを考慮して、現在ではセルロース酸素同位体比の季節変動の情報を得るために、一つひとつの年輪（年層）を6分割することにしている。

　それには、いくつもの実践的な理由がある。第一に、細かく刻めば刻むほど、その作業は難しくなり時間がかかるので、有限の時間内に研究を終わらせるには、ある程度の妥協が必要である。第二に、小径木の年輪年代決定を最終的な目的とした場合、年輪幅が安定して広い出土材ばかりが対象になる訳ではないので、細かすぎるデータは使い道が少ない。第三に、長期にわたるマスタークロノロジーの作成に使える木材は、年輪数が多いものであり、それらの年輪幅は通常は狭く、6分割が限界である。第四に、木材の細胞の大きさより細かくスライスしても、データの解像度は上がらない。通常、一つの細胞の形成には2週間くらいかかるので、細胞のサイズよりも細かく刻んでも、2週間以下の時間解像度のデータは得られない。第五に、次項でも議論するように、細かく刻めば刻むほど、個体間でのパターン照合は実はむしろ難しくなる。つまり、いくらでも細かく刻んで測ればよいというものではないのである。

年層内変動の課題と可能性

セルロース酸素同位体比の年層内（季節）変動は、名古屋工業大学の庄建治朗氏による継続的な研究によって、これまでにすでに現生木を使って江戸時代以降の分析と解析が進んでいる（庄 2021）。名古屋大学でも、考古学的な年輪年代決定へのニーズが高い弥生時代後期から古墳時代初期を対象にして、状態の良好な出土材を使った分析と解析、すなわちマスタークロノロジーの試験的な作成と、その小径木の年代決定への応用を始めている。その中では、いくつかの課題も見えてきた。

最大の課題は、「年層の中にはタイムマーカーがない」という事実である。年輪研究の核心は、正確に年単位の時を刻むタイムマーカーが、対象となる試料の中に「年輪」として存在していることにあるが、年輪の内部に分け入ると、もはやそこにはタイムマーカーとなるものは存在しない。それゆえ年層を6分割すると言っても、それは「時間の6分割」ではなく、「長さの6分割」に過ぎない。樹幹の季節的な肥大成長の速度は必ずしも一定ではなく、その成長のタイミングは樹種ごと・個体ごとに微妙に異なるので、得られた酸素同位体比の年層6分割のデータは、たとえそれが正確に年ごとの気候の季節変動の特徴を表しているとしても、樹種間・個体間で、その変動パターンは微妙にずれることになる（第3章図22）。それゆえ、そのずれをどのように補正（恣意的ではなく客観的に補正）して、マスタークロノロジーと年代決定の対象材との間でのパターン照合を行うかが問題になる。何らかのアルゴリズムを決めて、自動的に補正するプログラムを作る必要があると思われる。

もう一つの課題は、セルロース酸素同位体比の季節変動には、樹種によっては大きな「樹齢効果もどき」の現象があることがわかったことである。樹齢効果とは、第7章2節で詳しく議論した、「セルロース酸素同位体比が、気候変動と関係なく、樹齢とともに徐々に低下する（逆に、その水素同位体比は、樹齢とともに徐々に増大する）効果」であり、光合成の後の周囲の水と糖類の間での二次的な同位体交換率が、樹齢の経過（正確には成長速度の低下）とともに増大することで説明される。それが、時間スケールの全く異なる季節変動の

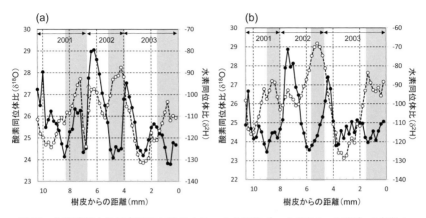

図58 北海道苫小牧国有林におけるカラマツ2個体（a：I-356, b：I-133）の年輪セルロース酸素（黒丸）・水素（白丸）同位体比の年層内変動。図中の白と灰の背景はそれぞれ早材と晩材の部位を示す。

中にも見つかったのである。第3章で紹介した北海道苫小牧のカラマツでは、年層内の酸素と水素の同位体比の変動は逆方向になっている（図58）。図22で酸素同位体比と相対湿度の季節変化は一致しているように見えるが、よく見ると秋になって相対湿度が低下しても（グラフ上で上向きになっても）、酸素同位体比は低下したままであり、逆に秋になると水素同位体比の上昇の程度が著しい。春はその反対に、酸素同位体比が高く、水素同位体比が低い。「酸素同位体比が高く、水素同位体比が低いこと」が成長速度の速い若い樹木の特徴であり、「酸素同位体比が低く、水素同位体比が高いこと」が成長速度の鈍った老齢樹の特徴であることを踏まえると、樹木という生き物は、「春に若く、秋に老いる」というサイクルを毎年繰り返しながら年を重ねていっていると解釈できる。これは明らかに、新しい生物学的な発見でもある。

気候復元と年代決定の両面での進展

最近、京都大学理学部の4年生である中島公洋氏とともに、弥生時代後期のヒノキとクヌギのセルロース同位体比の年層内変動の分析を進めたところ、興味深いことに、こうした現象はマツやヒノキのような針葉樹だけに見られる特

徴であり、クヌギのような広葉樹にはないことがわかった（中島ほか 2020）。つまり、クヌギでは、セルロースの酸素と水素の同位体比の季節変動は、ほぼ完璧な正相関で変動していた。おそらくそれは気候の季節変動を、より正確に反映していると考えられる。こうした発見は、小径木の年輪年代決定に向けて、考慮すべき重要な過程があることを示唆している。それは、季節変動の解析においても、第7章の式（19）で議論したように酸素と水素の同位体比を組み合わせることが必要であり、それによって樹種や個体の違いによらず、より正確に気候の季節変動が復元でき、それはそのまま小径木の年輪年代決定のためのパターン照合の信頼できるデータになるということである。実際、ヒノキでもクヌギでも、酸素と水素の同位体比を組み合わせて純粋に気候の季節変動の情報だけを取り出すことで、年代決定のためのパターン照合の精度が向上することがわかってきた。

　このことは、酸素同位体比年輪年代法のもう一つの側面である気候復元の研究でも、重要な進展をもたらす可能性がある。それは、災害史研究とのより緊密な協働である。これまでも、第7章の図54bで示したように、年輪酸素同位体比の情報は歴史的な気象災害の記録とよく一致することがわかっていたが、そこには越えがたい大きな壁もあった。それは、年輪のデータが年単位であるのに対して、洪水や干ばつなどの気象災害の時間スケールはもっと短く、週や月単位の現象であるということにある。実際、文献史料や考古遺跡に干ばつや洪水の記録や証拠がたくさん認められる年・時代でも、年輪酸素同位体比には、特に大きな影響が見られないケースもしばしば存在する。その原因の一つは、年輪のデータが降水量などの気候データの「ひと夏の平均値」を示すに過ぎないことにあった。しかし、セルロースの年層内（季節）変動のデータ解析に広葉樹を用いたり、針葉樹でも酸素と水素の同位体比を組み合わせたりすることで、文献史料や考古事物の気象災害の記録と合致する週～月の時間スケールのデータを取り出すことができれば、災害史をはじめとする気候変動史の研究をさらに精緻に発展させられるはずである。

人間活動の定量的な評価へ

第2章1節でも議論したように、日本考古学の神髄である精緻な土器編年には、いくつかの弱点があった。その一つは、土器をはじめとする出土遺物の絶対年代・暦年代を正確に決めることが難しいため、遺跡ごと・地域ごとの遺物の出土数という定量的なデータがあっても、そこから必ずしも過去の人間活動の変遷に関する定量的な推定、例えば人口の変遷の推定などが正確にできないということである（第2章図2）。海外では、出土遺物の ^{14}C データの地域別・年代別の出現頻度を人口や人間活動の変動の指標とみなす研究が進んでおり、日本でも、縄文時代の人間活動の変遷を出土遺物の ^{14}C 年代ヒストグラムで解析するような取り組みがあるが、弥生時代以降の研究では、^{14}C 年代測定の誤差（時として 100 年以上に及ぶ）よりも潜在的にはるかに細かい時間解像度の土器編年体系があるので、研究の精度の折り合いをつけるのが難しい。

この点、年輪年代法を応用すれば出土した木器ごとに年単位の年代が決められるので、遺跡ごと・地域ごとの人間活動の変遷を「木器の年代別出現ヒストグラム」などから議論することが可能であり、米国南西部の先住民遺跡の研究などでは、年輪幅に基づく年輪年代研究の成果が、こうした目的で広く活用されている（第2章図5）。しかし、日本では年輪幅で年代決定ができる木質遺物の割合は非常に少なく、酸素同位体比を用いても、年輪数の制約から出土材の多くは年代決定の対象にすることは難しかった。

しかし、本節で議論しているセルロース酸素・水素同位体比の年層内（季節）変動のデータを駆使すれば、こうした状況を一気に打開できる可能性がある。分析技術の精密化・迅速化・廉価化と、季節変動レベルでのセルロース酸素・水素同位体比のデータベースの作成を併行して進めることができれば、「あらゆる出土材の年単位での年代決定」に基づいて、このような先史・古代史の定量的な研究を進めることは、夢ではない。それはこれまで以上に世界最先端の研究になるが、そのための分析・解析技術の革新に向けたアイデアを日々考えている最中である。

2. 気候と社会の関係のモデリング

もう一つの定量的な研究方法

前節では、これまでの酸素同位体比年輪年代法の手法に加えて、セルロース酸素・水素同位体比の季節変動データベースを拡充していくことにより、文字通りあらゆる遺跡出土材の年代決定が可能になり、そのデータに基づいて、先史・古代の人間活動の定量的評価ができるようになる可能性を議論したが、本書の最後に、それとは全く別の方向から先史・古代社会を定量的に研究する方法について紹介したい。それは、年輪セルロース酸素同位体比が示す気候変動の情報をもとにして、気候と農業と人口の関係をモデリングするという方法である。

年輪セルロースの酸素同位体比が、夏の降水量や気温の変動を反映していることは、本書の各所で述べてきたが、水田稲作を主な生業としている日本では、夏の気候の変化は主食である水稲の豊凶に直結する。長雨による冷害や豪雨による水害は、現代でも水稲の収量を毀損する最大の要因であるが、品種改良や治水工事が十分に発達していなかった前近代の日本では、現代と違って海外からの食糧の輸入ができなかったことも併せて、気候災害による水稲収穫量の低下の影響は、より深刻であったと思われる。

近世における気候変動と農業生産

図 59 は、第 7 章で示した中部日本の年輪セルロース酸素同位体比の気候成分（図 51）と、江戸時代の古文書に記された村ごとの農業生産量、水稲収穫量の変動を比較したものである。図 59a は、近江国の琵琶湖周辺の 3 カ村に残されていた免定（領主から村への年貢の請求書）の中に記された、凶作による農業生産量の低下を差し引いた年ごとの課税対象石高である「残高（のこりだか）」の変動を村ごとに規格化して平均したもの（鎌谷ほか 2016）であり、図

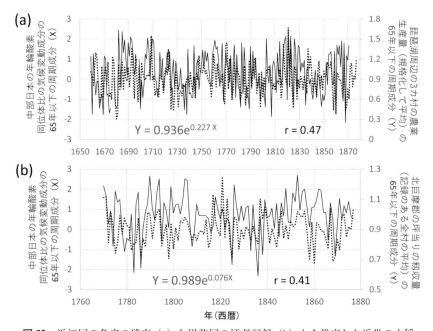

図 59　近江国の免定の残高（a）と甲斐国の坪刈記録（b）から推定した近世の水稲
生産力の変動（実線）と中部日本の年輪セルロース酸素同位体比の気候成分
（点線）の比較。水稲生産力の変動は、a と b ともに、表示全期間の平均に対
する比で示した。（a：鎌谷ほか 2016、b：佐藤 1987 より一部引用）

59b は、甲斐国の北巨摩郡の丘陵地帯の多数の村々で最近まで行われていた、
年ごとの坪あたり稲籾収穫量の変動の記録（坪刈記録）を平均したもの（佐藤
1987）である。両地域ともに、年輪セルロース酸素同位体比の低下が示唆する
夏の降水量の増大や気温の低下が、水稲収量の減少を招いていたことがわか
る。そこには、第 7 章 4 節の図 56・図 57 でも議論した数十年の周期性があ
り、それが江戸時代の享保、天明、天保期をはじめとする周期的に起きた大飢
饉や百姓一揆の周期的な拡大にも対応している。また図 59 の幕末期（1860 年
代）における寒冷・湿潤化は、凶作と米価の上昇を介して、いわゆる世直し一
揆を誘引し、明治維新の背景にもなった可能性も指摘できる。
　このような気候変動のデータと水稲生産力のデータの間の高い相関性は、同

じ品質の年輪セルロース酸素同位体比のデータが得られている弥生時代までさかのぼって、任意の時代の農業生産力の「潜在的な変動可能性」を推定できることを意味している。もちろん、弥生時代の農業技術や農地面積はわからないので、農業生産の絶対量を気候変動データだけから復元することはできないが、少なくとも気候変動に由来する生産量の短期的な変化は定量的に推定可能であり、先史時代には農地面積や農業技術は数年や数十年では変化し得ないと仮定すれば、その社会への影響も定量的に議論できるはずである。

生産と備蓄、人口と消費のモデル

ここでは、年輪セルロース酸素同位体比から推定される水稲生産量の変動が前近代の農業社会に与えた影響を「予測」するための道具として、「生産（P）と備蓄（S）と人口（N）と消費（D）」からなる極めて単純なシミュレーションモデルを作成してみた（図60）。単純とはいえ、モデルを作る目的は、年単位の古気候データを出発点として農業生産力と人口の関係を考えるにあたって、「農業生産力と人口が比例していた」というような暗黙の仮定を置くのではなく、前近代の農業社会の人々が重視したであろう「穀物備蓄」の役割を考察するためである。数百年周期の生産力の大きな変動があれば、人口もそれに比例して大きく変化すると思われる一方で、数年周期で生産力が大きく変動しても、備蓄を活用すれば人口をほぼ一定に保つことができるはずである。それでは、数十年周期の生産力の変動に対しては、どうであろうか。こうした問題を自由に考察できるようにすることが、このモデルの目的である。

モデルは、図60に示すように四つの項目（農作物の年あたりの「生産量」、「消費量」、「備蓄量」と「人口」）からなる。モデルの空間スケールは、農産物の流通範囲に対応して任意であり、先史時代であれば、当然、そのスケールは小さいと思われる。図60の方程式に記すように、年ごとの生産量と備蓄量の合計が総人口の生存に必要な最低限の農作物の摂取量を上回れば、一人あたりの余剰食糧摂取量に比例して出生率は上がるとした。自然死亡率は平均寿命を40歳として0.025/年で固定しているので、人口調整は出生率の変化を通じて

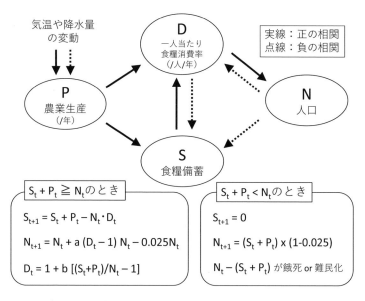

図60　前近代の農業社会を想定した「生産（P）–備蓄（S）–人口（N）–消費
（D）」のシミュレーションモデル。計算の簡略化のために、1人の
人間が生存のために1年あたりに摂取すべき必要最低限の農作物
の量を1としている。式の中のaとbは、それぞれ「余剰食糧消
費に対する出生増加率」と「余剰食糧に対する食糧摂取率」を示
す係数である。（中塚 2021）

自発的に行われる。一方で、生産と備蓄の合計が人口からの必要最低限の要請
を下回ったときには、餓死者や難民の発生によって受動的（強制的）な人口調
整が行われることも、モデルでは想定した。モデルには、二つのパラメーター
（出生増加率（a）と食糧摂取率（b））があり、その設定次第で、農業生産力
と人口の関係は変わるが、詳細については別途、論文を参照されたい（中塚
2021）。

弥生～古墳時代の人口変化シミュレーション

　年輪酸素同位体比の気候成分を使って、先史時代を対象に図60のシミュレ
ーション計算を行うためには、それを農産物の生産量に置き換える換算式を作

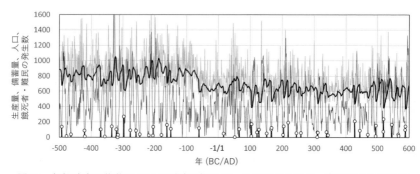

図61 年輪酸素同位体比が示す夏季の気候データに基づく弥生〜古墳時代の農作物の生産（灰線）・備蓄（点線）と人口（黒線）の変動、および餓死者・難民の年あたり発生数（白丸）のシミュレーション（生産量・備蓄量は、人間1人が1年で摂取すべき農作物の最低限度量を1として表示。BC 500年の農作物の生産量が1000の地域を想定し、生産量の年輪酸素同位体比に対する感度を近世の近江国の事例（図59a）の1.5倍とし、図57の出生増加率（a）と食糧摂取率（b）を0.2として計算）。(中塚 2021)

成する必要がある。先史時代の農業技術の脆弱性を考慮して、図59の近世の近江国の残高のデータから導き出せる「農業生産力と年輪酸素同位体比の気候成分の関係」の1.5倍だけ気候感度（気候変動への脆弱性）が高かったと仮定して、生産量の変動を計算した。また出生増加率（a）と食糧摂取率（b）は、それぞれ0.2として、農作物の消費量や備蓄量、人口の計算を行った。ここでは農作物の供給量（生産量と備蓄量）が人々の生存のために必要な最小限の量を下回ったときには、そのマイナスの量に対応した餓死者もしくは難民の発生数も計算している。農作物の生産量の気候感度や出生増加率、食糧摂取率のパラメーターを変化させると、同じ気候変動のデータを用いても、当然シミュレーションの結果は変わってくるが、それらの条件を変えても、計算結果に見られる人口の長期変動のパターンや、食糧不足による餓死者や難民が集中して発生する時期などは、ほとんど変化しないことがわかった。

　図61に、BC 500年からAD 600年の弥生〜古墳時代の計算結果を示す。年輪セルロース酸素同位体比の気候成分に見られる千年スケールの長期変動を反映して、弥生時代の方が古墳時代よりも人口が多くなっているが、このモデル

には、長期的な農地面積の拡大や農業技術の革新の効果が入っていないので、人口の長期変動の解釈については注意が必要である。一方、餓死者や難民の発生イベントが、BC 4〜3 世紀、AD 2 世紀、AD 6 世紀を中心とする特定の時代に集中していることは、注目に値する。なぜなら、その時代に第 7 章 4 節で議論した「数十年周期の気候変動の振幅拡大」が起きているからである（図56）。図 61 には、数十年周期での大きな気候変動が起きる時代には、気候のよい時期に豊作が続いて人口が拡大する一方で、引き続く気候の悪い時期の凶作によって増えすぎた人口の一部が餓死する、もしくは難民になるという、図57 で議論した冷酷な考察の中身が、定量的な計算結果として表れている。

考古資料や文献史料との比較

　気候変動が人間社会に与えた影響を考える際には、図 61 の計算結果が、実際の弥生〜古墳時代の考古資料や文献史料と、どのように対応するのか対応しないのかを調べることが、新しい研究の手法になり得る。森岡秀人ら（2016）は、近畿各地の集落址や住居址のデータの綿密な集成と土器編年の最新の暦年代観に基づき、弥生時代中期から古墳時代中期までの近畿地方の集落動態の変遷には、概ね四つの画期（画期Ⅰ：紀元前後の「人口減少」、画期Ⅱ：紀元100 年前後の「人口増加」、画期Ⅲ：紀元 2 世紀後半の「人口増加」、画期Ⅳ：紀元 400 年前後の「人口増大」）があるとした。四つの画期を図 61 における人口の変動の計算結果と比較してみると、まず画期Ⅰは、紀元前 1 世紀に起きた大規模な寒冷・湿潤化に伴う人口の減少に対応しており、画期Ⅱは、1 世紀半ばの数十年間に及ぶ温暖・乾燥化によって人口が盛り返したことに対応していると考えられる。画期Ⅲは、気候の数十年周期の激しい変動により図 61 の人口も乱高下する時期なので、それが見かけ上の遺跡数や建物跡数の増大という形で認められた可能性があるが、土器編年の時間解像度の制約から、図 61 のどのタイミングの人口増加が画期Ⅲに対応しているのか、あるいはその全体が対応しているのかを明らかにすることは難しく、詳細な比較は今後の課題である。画期Ⅳについては、図 61 で生産量や人口の変化が比較的緩やかな時期に

あたり、徐々に温暖化・乾燥化が進む中で人口の堅調な増大が見られることが、画期Ⅳに対応しているとも考えられる。

　図61の人口の長期変動については、農業技術や農地面積がモデルに考慮されていないのであまり意味がないが、数十年以内の周期変動については、食糧の絶対的な不足、すなわち餓死者や難民が発生するタイミングを推定できることから、大きな意味があると考えられる。特にBC 4〜3世紀、AD 2世紀、AD 6世紀に、モデルが予測する飢饉や難民の発生イベントが集中していることは、時代の変化との関係を考える上で大変興味深い。AD 2世紀とAD 6世紀は、それぞれ弥生時代後期と古墳時代の終末期にあたり、文献史学的にも倭国乱（2世紀）や磐井の乱、武蔵国造の争い（6世紀）のような内乱が起きた時代である。数十年周期での農業生産量の大きな変動が人口の乱高下と激しい食糧不足をもたらし、それが飢饉や難民の発生を促して、内乱を発生させた可能性が指摘できる。2世紀後半から始まる庄内式期は、土器型式の全国的な攪拌が起きたことから、人々の流動が確認できる時代であり、図61で計算される地域ごとでの飢饉や難民の頻発が人々の流動の原因であったと考えることは、想像に難くない。BC 4〜3世紀は、北部九州などで戦乱が頻発したことが、吉野ケ里遺跡の多数の戦傷遺体の存在などからも知られている。日本国内に同時期の文献史料は一切残されていないが、この時代は中国では戦国時代にあたる。第7章3節の図53にも示したように、中部日本の年輪酸素同位体比の気候成分は、中国東部の気候変動とも対応しているので、東アジア全体で同じ時期に気候の数十年周期変動の振幅拡大に伴って、飢饉や難民が繰り返し発生し、社会不安が増大していた可能性が指摘できる。

歴史研究の新しい手法として

　遺跡から出土する遺物の正確な記載から研究を始める考古学者や、文献史料に書かれた過去の人々の直接の声に耳を傾ける歴史学者の皆さんにとっては、このような古気候データだけに基づく過去の人口変動の復元などは、図60のような単純なモデルを使う場合はもちろん、いくらモデルの構造を複雑にした

としても、全くの空理空論であると思われるかもしれない。実際、こうした計算の結果を、考古資料や文献史料と比較した場合、よく合っていると思われる事例もある一方で、全く合わないと考えられる事例も多いはずである。私自身、このシミュレーション結果が、歴史の事実を全面的に表しているとは全く思っていない。それでは、何のためにこのようなアプローチが必要になるのか。それには、二つの意味があると考えている。

　こうしたシミュレーションの目的の一つは、文献史料や考古資料に表れた歴史の経緯を説明するための方法論の一つとしての活用である。前項では、シミュレーション結果と考古資料の関係が比較的合致すると思われる事例だけを述べたが、例えば弥生時代の中・後期の集落の変動は、同じ西日本でも近畿と山陽ではタイミングが異なることが知られている。ここでは、シミュレーションの結果と合わない時代や地域を積極的に見つけることで、むしろ一歩踏み込んだ解析が可能になるということを主張したい。気候が悪化して食糧生産量が減ったときに、人口が減らず、逆に増えた地域があったとしたら、それは、「気候以外の要因の重要性」を意味するのかもしれないし、あるいは、人口の増加と減少のタイミングが地域間でシーソーのように一致していたのであれば、それは、気候の悪化に伴う難民の発生によって「人口の大規模な移動が起きた結果」かもしれない。もちろん、人口シミュレーションの結果と実際の人口変動のタイミングが全くずれているならば、「気候以外の要因が効いている」ことが逆に論証できると思われる。いずれにしても、年単位の気候データから推定される人口変動などのシミュレーションの結果は、歴史学と考古学の双方の研究対象の年代決定の精緻化により、より有効に検証・反証できるものとなる。前節で示した、セルロース酸素同位体比の年層内（季節）変動のデータなどを活用して、出土木製品の年代決定の応用対象を広げていくことが、今後、益々求められる所以である。

　もう一つのシミュレーション研究の目的は、気候変動に対する社会応答を比較史の観点で解析する際のツールにできるということである。前章で詳しく説明した中部日本の年輪セルロース酸素同位体比の気候成分（図51）は、「21世

紀の現在から紀元前の時代まで、データの精度が変化しない」という特徴を持っている。こうした時代を越えたデータ精度の均質性は、文献史料はもちろん考古資料などでもなかなか達成できない、年輪気候学の研究成果の特徴である。データ精度が時代を越えて均質であるということは、そのデータから推察される農業生産力の変動の社会へのインパクトも、（農業技術や農地面積の変化は、別途考慮する必要はあるが）時代を越えて比較可能であることを意味している。もとより時代や地域が異なれば、農業生産力の変動が社会に与える最終的な結末は全く違うものになり得るが、「原因」としての生産力の変化が時代を越えて正確に認定できるのであれば、「結果」としての社会の応答は、比較史の観点から客観的に議論することができるはずである。特に第7章4節（図56・図57）でも議論した「数十年周期の気候（生産力）の変動の振幅拡大」が時代を越えて人間社会に与えた影響を考えることは、現代の温暖化を含む地球環境問題一般にも通じる、比較史の格好の研究対象になるはずである。シミュレーションは、そうした比較史の研究において気候データの役割を最大限に生かすためのツールである。その際、もちろん重要なのは、気候変動の影響を受けた人間社会の変化自体を考察できる歴史学・考古学の研究であることは言うまでもない。古気候学・年輪年代学と歴史学・考古学の連携の発展が、今後、益々期待されている。

付篇

木材からの年輪セルロース試料の作成手順（出土材の場合）

☆下記の3）～6）と8）については、毒劇物を扱うので、手袋（クリーンノール、ニトリル手袋など）および眼鏡を着用し、ドラフト内で作業すること。

☆下記の手順は、樹脂が抜けきった遺跡出土材などの処理を念頭に置いているので、有機溶媒による脱脂の工程が入っていないが、現生木の場合は、漂白とアルカリ処理の後で有機溶媒による脱脂を行う必要がある（ここでは記さない）。

1）1mm厚の薄板の作成

① ダイヤモンドホイールソーにセットできる大きさ（木口断面で10×5cm以内）のブロック状の試料を、出土材からのこぎりを使って切り出す。

② ブロック状の試料を瞬間接着材（アロンアルフア・ゼリー状）で厚目の板に接着する。接着する際には、木口面が上向き（表面）になるように固定する。

 注 建築古材や現生木の場合、あるいは出土材であっても十分に堅牢な木材の場合は、必ずしも厚い板に接着する必要はなく、ブロック状の試料を、ダイヤモンドホイールソーのクランプに直接セットすることも可能である。

③ 脆く破損しやすい試料を保護するために、試料の周囲を木枠で覆い、試料と木枠の間も瞬間接着剤で接着する。

④ ダイヤモンドホイールソーを使って、ブロック状の試料から1mm厚の薄板を作成する。

⑤ 切り出した1mm厚の薄片の高解像度の画像を、スキャナーを使って撮り、印刷して年輪の番号を付与するとともに、セルロース化後の薄板との照合に利用する。

2）1mm厚の薄板をテフロンパンチシートに挟む

① （テフロンパンチシートに挟む前に）付着している木枠を切り取る。

② 1 mm 厚の薄板を 2 枚のテフロンパンチシートで挟む。

　　注　このとき、テフロンパンチシート同士をきつく固定しすぎない。劣化材の場合は、セルロース抽出過程で収縮するので、きつく固定しすぎると試料が壊れる恐れがある。

③ テフロンパンチシートで挟んだサンプルを平底試験管に入れる。

④ 化学処理を行うまでの間、平底試験管は純水で満たしておく。

3) 漂白（リグニンの分解）

（60 mL×20 サンプル＝1200 mL の場合）

　漂白用の反応溶液を作る際の試薬の割合は以下の通りであるが、実際には必要となる反応溶液の量に応じて、試薬の量や水の量を比例させて、変更する。平底試験管の容積は 60 mL なので、20 本同時に処理する場合は、水の量を 1200 mL にして、毎回作成する（漂白用の試薬は、時間とともに効力が低下するので、作り置きしてはならない）。

　　　　亜塩素酸ナトリウム：　酢酸　　：水
　　　　　　　10 （g）：　5 （mL）　：350 （mL）

① あらかじめ、ポットに純水を入れてお湯（90℃）を作っておく。

② ドラフトの排気と照明を ON にして、ウォーターバスに十分な高さまで水道水を入れ、温度を 70℃ に設定し、電源を ON にする。温度を上げている間に試薬を準備し、漂白用の反応溶液を作る。

　　注　作業途中でサンプルを放置する場合は必ず純水で浸しておく。水を抜いた状態ではサンプルが乾いて縮んでしまう。

③ 2 L ビーカーにポットの 90℃ の純水 1200 mL を入れる。

④ 亜塩素酸ナトリウム 34.3 g を電子天秤で量り、お湯の入ったビーカーに加えていきガラス棒で攪拌し溶けたら、酢酸 17 mL を加えて同様に攪拌する。

⑤ 作成した漂白反応溶液を 500 mL ビーカーに移し、テフロンパンチシートに挟んだサンプルの入った平底試験管に、試料が十分浸る高さまで反応溶液を入れる。

⑥ 70℃ のウォーターバスに試験管立てごと入れ、ガラス板で蓋をして、1 時間置く。

⑦ 1 時間経ったら、サンプルの入った平底試験管の中の反応溶液を、ガラス棒でサンプルが落ちないように抑えながら別のビーカーに移し（パスツールピペットで底溜まりの液もすべて取り除く）、新しい反応溶液と交換する。反応溶液の廃液は専用の密栓瓶に入れて保管し、後で塩素を抜いて中和して廃棄する。そのまま流

しに捨ててはいけない！

注1　塩素が抜けてしまうため、溶液はまとめて作り置きはできない。1時間経つ少し前に、その都度次の液を作ること。

注2　ポットのお湯は常にいっぱいに沸かしておくこと。

⑧ この1時間の反応を4回繰り返す。木材の色が白く（溶液の薄い黄色に）なっていなければもう一度行う（実際には、回数は必要に応じて異なり、早く終わる場合もある。一般に出土材は早く終わり、現生木は回数が多くかかる）。

⑨ サンプルが漂白されたら反応溶液を廃液瓶に捨て、平底試験管に純水を注ぎ、5分放置してから水を捨てる。この洗浄を3回繰り返す。

⑩ 3回洗浄後、もう一度純水を入れて、5）の反応までの間、時間を置く場合は、平底試験管の口にパラフィルムを巻きつけて、乾燥しないようにする。

4）漂白用の反応溶液の脱塩素化と硫酸の中和

① 漂白用の反応溶液の廃液瓶（密栓瓶3個くらいずつ）の中の液を青バケツに移し、チオ硫酸ナトリウムを薬さじで3〜5杯くらい、テフロン棒で攪拌しながら適当量入れ、黄色い液が透明になるまで入れる。発生した硫酸イオンにより約pH1の酸性になる。

② NaOH廃液ボトル（次のアルカリ処理の反応で大量に発生するので、硫酸イオンの中和に利用する）から、白いテフロン製の小さいビーカーにNaOH廃液を少し移す。

③ ①の透明になった液にNaOH廃液を少しずつ入れてリトマス紙でpHを計り、pH7になったら、廃液を捨てる。

注1　廃液処理は時間の空いたときに行う。必ずしも3）と5）の間で行う必要はない。

注2　廃液はあまり溜めておかず、できるだけ早く、少量ずつ処理する方が効率がよい。

5）アルカリ処理（ヘミセルロースとリグニン分解物の除去）

（60 mL×20サンプル＝1200 mLの場合）

① ドラフトの排気、照明をONにして、ウォーターバスに十分な高さまで水道水を入れ、設定温度を80℃に設定し、電源をONにする。

② 温度が上がるまでの間に、《17％水酸化ナトリウム溶液》を作る。白いテフロンビーカーに純水を1200 mL量って入れる。次に電子天秤で水酸化ナトリウムを

246 g 量り、純水にゆっくり入れ攪拌して溶解させる。

③ 漂白後、純水で満たしていた平底試験管の中の液（水）を捨て（パスツールピペットで底に溜まっている液もきれいに取り除き）、②で作った NaOH 溶液を分注する（ガラスのビーカーは、NaOH 溶液に長い時間漬けると溶け始めるが、短時間なので 500 mL のガラスのビーカーに移してから、試験管に分注してもよい）。

　　注 NaOH 溶液をガラス管に注ぐ際には泡立てないよう、壁面に沿ってゆっくり注ぐ。

④ 80℃ に設定したウォーターバスに③を試験管立てごと入れて、ガラス板で蓋をし、1 時間置く。出土材の場合は、この作業は 1 回で十分（現生木の場合は 3 回が目安）。

⑤ 1 時間経ったら、平底試験管内の溶液を捨てる。廃液は小さいテフロンビーカーに入れ、すぐに NaOH 廃液ボトルに入れる。そのまま流しに捨ててはいけない！

　　注 必ずパスツールピペットで残液を残らず吸い取り、捨てること。

6）純水と弱塩酸による洗浄

① アルカリ処理がすべて終わったら、平底試験管の NaOH 液を廃液ボトルに捨てる。

② NaOH 溶液をきれいに取り除いた平底試験管に純水を入れて、しばらく（5 分以上）静置してから水を捨てる。これを 3 回行う。水（廃液）は流しに流さず、NaOH 廃液のボトルに入れる。

　　注 アルカリ処理後はサンプルが壊れやすいので、純水は壁面に沿わせるようにゆっくり注ぐようにする。

【重要】毎回必ず、パスツールピペットで残らず、水を取り除く。少しでも水が残っていると、NaOH が取り切れず（pH が下がり切らず）、4 回目の洗浄が必要になることがある。そのままにすると、OH が残って、セルロース試料に酸素が混入してしまう。

③ 純水で 3 回洗浄が終わったらリトマス紙で pH をチェックする。pH10 以下でなければもう一度洗浄する。

　　注 平底試験管の外側や上部にアルカリ溶液が付着している場合があるので、キムワイプなどを使用して、きれいに拭き取る。

④ pH10 以下を確認したら 1N の塩酸を 100 倍に希釈して弱塩酸溶液を作り、平底試験管に入れて、5〜10 分静置したのち、弱塩酸溶液を捨てる。

⑤ リトマス紙で pH が酸性側（pH3 くらい）に移ったことを確認したら、純水で上

記と同じように洗浄。これを通常 3 回行う。リトマス紙で中性（pH7）を確認する。中性になっていなかったら、もう 1 回洗浄する。

7）試料の乾燥と年輪の切り分け、梱包、測定まで

① 平底試験管内の純水を取り除く。このとき、パスツールピペットを使って残らず吸い取って捨てる。また、平底試験管の外側に付着している水も、キムワイプなどを使用してきれいに拭き取る（万一 NaOH 溶液が残っていると、乾燥して白い粉末になった段階でセルロースと区別がつかなくなり、酸素のコンタミの原因になる！）。

② 試料が乾かないうちに、試料の入った平底試験管を試験管立てごと密閉容器（タッパー）に入れて、－30℃（温度は－18℃ でも可）の冷凍庫の中で 30 分間以上放置する（－18℃ なら時間が長くかかるので凍結したことの確認が必要）。このとき、別の密閉容器に入れたシリカゲル（事前に加熱乾燥させて濃い青色になったもの）を一緒に－30℃ の冷凍庫に入れて十分に冷やしておく。

③ －30℃ の冷凍庫の中で、密閉容器の蓋を開けて平底試験管の中に、別の密閉容器から取り出したシリカゲルを紙カップを使って十分に充填し、平底試験管の入った密閉容器の底にもシリカゲルを十分に充填してから、密閉容器の蓋を閉める。

④ 密閉容器を－18℃ の冷凍庫に移して、一晩放置して、自然凍結乾燥を行う。

⑤ 一晩凍結乾燥させた試料を、密閉容器ごと－18℃ の冷凍庫から取り出し、室温で数時間放置する。

　　注　すぐに密閉容器の蓋を開けると、水蒸気が試料に結露するので、まず室温に戻す！

⑥ 室温に戻したら、密閉容器の蓋を開けて、乾燥した厚さ 1 mm の「セルロース板」をテフロンパンチシートからピンセットを使って慎重に取り外し、アルバムシートに挟む。

⑦ アルバムシートに挟んだ「セルロース板」の画像を、スキャナーを使って撮って、印刷し、化学処理の前に撮った画像と比較して、年輪の形状の変化を確認する。

⑧ デザインナイフを用いて、双眼実体顕微鏡下で、年輪を一つひとつ、同位体比分析に適した量（1 年輪あたり 100〜300 µg）になるように秤量しながらカットして、年輪番号の記されたマイクロプラスチック容器に一つひとつ移す。

　　注　このとき、年輪全体（早材から晩材まで）を均等に（長方形の形で）採取すること。

⑨ 顕微鏡下でピンセットを使って、年輪セルロースの断片を「7×7 mm にカットした銀箔」の中に包み込む。この際、銀箔はあまり小さく潰してはならない。直径2 mm 程度の小籠包のような形で、ふわっと包み、再び試料をマイクロプラスチック容器に戻す（銀箔を小さく潰すと、測定時にオートサンプラーの隙間に挟まり、測定できなくなる）。

⑩ 銀箔に包んだ年輪セルロース試料の酸素・水素・炭素同位体比を、熱分解元素分析計と同位体比質量分析計のオンライン装置を用いて測定する。

> 注　7）⑨までの作業を行ったのち、年輪番号を記したマイクロプラスチック容器を、⑩の装置のある研究室に送付して、同位体比の測定を依頼することもできる。

8) 考古材に含まれる“錆”を取り除くための処理

　長い間、水に浸かっていた出土材の中には、6）③の処理が終わった段階で、赤っぽい斑点状の模様が見られることがある。このような赤っぽい斑点（模様）は、“錆”（Fe_2O_3）の可能性がある。錆は酸化物であり、酸素同位体比の測定の直接の汚染源になるため、このままでは測定できない。そこで「7）試料の乾燥」を行う前に、以下の「錆を溶かす作業」を行う必要がある。ちなみに、錆の範囲が狭い場合には、この作業を行わずに、錆のない部分を切り出して、同位体比を測定すればよい。

① 1N の塩酸溶液を平底試験管に注ぐ。

② 6 時間以上（場合によっては一晩）放置する。

③ ガラス試験管から 1N の塩酸溶液を取り除く。このとき、パスツールピペットで底に溜まった液もきれいに取り除く。

④ 平底試験管に純水を注ぎ、約 5 分間静置する。このとき、純水は試料を破壊しないように、壁面に沿わせてゆっくり注ぐ。

⑤ 平底試験管の純水を取り除く。このとき、パスツールピペットで底に溜まった液もきれいに取り除く。

⑥ リトマス紙で pH をチェックし、pH が 5～7 の値になるまで、④～⑥の操作を繰り返す。

引用文献

伊藤啓介・田村憲美・水野章二編　2020『気候変動と中世社会（気候変動から読みなおす日本史―第4巻）』臨川書店。

井上智博・中塚武・李貞・對馬あかね・佐野雅規・遠部慎・中原計　2018「酸素同位体比年輪年代法による池島・福万寺遺跡の弥生時代水田に関する年代観の構築」『大阪文化財研究』51、1-26頁。

鎌谷かおる・佐野雅規・中塚武　2016「日本近世における年貢上納と気候変動―近世史研究における古気候データ活用の可能性をさぐる―」『日本史研究』646、36-56頁。

木村勝彦・荒川隆史・中塚武　2012「鳥海山の神代杉による縄文晩期をカバーする年輪酸素同位体比の物差しの作成と実際の適用例」『日本植生史学会2012年大会・講演要旨集』。

木村勝彦・尾本雄道・法井光輝・中塚武　2017a「中西遺跡第15次調査区埋没林の年輪年代学的分析」『中西遺跡I-京奈和自動車道「御所区間」建設に伴う調査報告書(8)』405-414頁。

木村勝彦・中塚武・小林謙一・角田徳幸　2014「BC2300年に達する年輪酸素同位体比物差しの構築と三瓶スギ埋没林の暦年代決定」『日本植生史学会2014年大会講演要旨集』。

木村勝彦・箱﨑真隆・佐野雅規・對馬あかね・李貞・中塚武・中村俊夫・奥野充　2017b「酸素同位体比年輪年代法による白頭山10世紀噴火の年代測定」『日本第四紀学会講演要旨集』47、30頁。

斎藤颯人・木村勝彦・箱﨑真隆・佐野雅規・對馬あかね・李貞・中塚武　2018「年輪酸素同位体比分析による多賀城の柵木の年代決定」『宮城県多賀城跡調査研究所年報2017 多賀城跡』42-45頁。

酒井均・松久幸敬　1996『安定同位体地球化学』東京大学出版会。

阪口豊　1989『尾瀬ヶ原の自然史―景観の秘密をさぐる』中公新書、中央公論社。

坂本稔・中尾七重編　2015『築何年？―炭素で調べる古建築の年代研究』（歴博フォーラム）吉川弘文館。

佐藤常雄　1987『日本稲作の展開と構造』吉川弘文館。

庄建治朗　2021「年輪酸素同位体比の年層内データの利用による時間分解能の向上」『古気候の復元と年代論の構築（気候変動から読みなおす日本史―第2巻)』（中塚武・對馬あかね・佐野雅規編）臨川書店。

對馬あかね・李貞・中塚武・仁木聡　2019「島根県出土材の酸素同位体比年輪年代法による年代決定」『古代文化研究』27、島根県古代文化センター、1-16頁。

寺沢薫・森岡秀人編　1989『弥生土器の様式と編年　近畿編Ⅰ』木耳社。

中島公洋・李貞・中塚武・渡邊由美子・田上高広　2020「遺跡出土材を対象とした年輪セルロース酸素・水素同位体比年層内変動の検討」『日本文化財科学会2020年大会・講演要旨集』102-103頁。

中塚　武　2006「樹木年輪セルロースの酸素同位体比による古気候の復元を目指して」『低温科学』65、49-56頁。

中塚　武　2010「気候と社会の歴史を診る―樹木年輪の酸素同位体比からの解読」『地球研叢書「安定同位体というメガネ」』（和田英太郎・神松幸弘編）昭和堂、37-58頁。

中塚　武　2012「気候変動と歴史学」『環境の日本史①日本史と環境　人と自然』（平川南編）吉川弘文館、38-70頁。

中塚　武　2014「樹木年輪セルロースの酸素同位体比による気候変動の復元」『現代の生態学②　地球環境変動の生態学』（原登志彦編）共立出版、193-215頁。

中塚　武　2015a「酸素同位体比年輪年代法がもたらす新しい考古学研究の可能性」『考古学研究』62、17-30頁。

中塚　武　2015b「年輪セルロース酸素同位体比による切り株の年代測定」（「平城京右京一条二坊四坪・二条二坊一坪・一条南大路の調査　第530次」の一部）『奈良文化財研究所紀要2015』194頁。

中塚　武　2016「高分解能古気候データを用いた新しい歴史学研究の可能性」『日本史研究』646、3-18頁。

中塚　武　2018「酸素同位体比年輪年代法の誕生と展開」『考古学と自然科学』76、1-13頁。

中塚　武　2020「酸素同位体比年輪年代法―高精度編年への挑戦」『季刊考古学』150、142-145頁。

中塚　武　2021「年輪酸素同位体比を用いた弥生・古墳時代の気候・農業生産・人口の変動シミュレーション」『国立歴史民俗博物館研究報告』（印刷中）。

中塚武監修　2020-21『気候変動から読みなおす日本史』（全6巻）、臨川書店。

中塚武・大西啓子・原登志彦　2008「カムチャッカ半島のカラマツ年輪セルロースの水素・酸素同位体比による夏季気温変動の復元」『月刊地球』30、207-215頁。

中塚武・鎌谷かおる・佐野雅規・伊藤啓介・對馬あかね編　2021『新しい気候観と日本史の新たな可能性（気候変動から読みなおす日本史―第1巻）』臨川書店。

中塚武・佐野雅規・李貞　2016「酸素同位体比年輪年代測定のための劣化した考古材からのセルロース抽出法の開発」『日本文化財科学会第33回大会講演要旨集』。

中塚武・村上由美子・浦蓉子・神野恵・金田明大　2015「平城京造営期遺構からの出土

切株材の年輪酸素同位体比による伐採年代測定」『日本文化財科学会第 32 回大会講演要旨集』。

中塚武・李貞・對馬あかね・佐野雅規　2018「付編二酸素同位体比年輪代測定」『新名神高速道路整備事業関係遺跡下水主遺跡第一・四・六次』京都府遺跡調査報告集 173、256-265 頁。

中塚武・若林邦彦・樋上昇編　2020『先史・古代の気候と社会変化（気候変動から読みなおす日本史―第 3 巻）』臨川書店。

奈良文化財研究所編　1990『年輪に歴史を読む―日本における古年輪学の成立―』奈良文化財研究所。

箱崎真隆・郭鍾喆・坂本稔・木村勝彦・對馬あかね・李貞・中塚武・高田貫太・藤尾慎一郎　2017c「酸素同位体比年輪年代法に基づく金海市翰林面退来里 1057-1 遺跡出土材の年代測定結果」『金海退来里 7-1・1078・1057 番地遺跡，学術調査報告 94 冊』303-324 頁。

箱崎真隆・木村勝彦・佐野雅規・李貞・對馬あかね・小林謙一・設楽政健・木村淳一・中塚武　2017b「中道遺跡・川原館遺跡出土木材の酸素同位体比年輪年代測定（第 3 節）」『川原館遺跡・中道遺跡・東早稲田遺跡　発掘調査報告書（第二分冊）』（青森市教育委員会）256-259 頁。

箱崎真隆・坂本稔・木村勝彦・李貞・佐野雅規・對馬あかね・中塚武　2017a「伊勢神宮のスギ巨木の年輪に刻まれた 1959 年伊勢湾台風（Vera）の爪痕」『第 19 回 AMS シンポジウム・2016 年度「樹木年輪」研究会共同開催シンポジウム報告集』161-164 頁。

パレオ・ラボ AMS 年代測定グループ（伊藤茂・佐藤正教・廣田正史・山形秀樹・小林紘一・Zaur Lomtatidze・小林克也）2018「付編三放射性炭素年代測定」『新名神高速道路整備事業関係遺跡下水主遺跡第一・四・六次』京都府遺跡調査報告集 173、266-272 頁。

福島和彦・船田良・杉山淳司・高部圭司・梅澤俊明・山本浩之編　2003『木質の形成―バイオマス科学への招待』海青社。

藤尾慎一郎　2015『弥生時代の歴史』（講談社現代新書）講談社。

藤尾慎一郎　2019「弥生長期編年にもとづく時代と文化」『再考！縄文と弥生―日本先史文化の再構築』（国立歴史民俗博物館・藤尾慎一郎編）吉川弘文館、159-185 頁。

藤木久志編　2007『日本中世気象災害史年表稿』高志書院。

ヘルト，H. W.　2000『植物生化学』シュプリンガー。

水越允治　1993「文書記録による小氷期の中部日本の気候復元」『地学雑誌』102、152-166 頁。

光谷拓実　2005「年輪年代法―実年代を探る」『文化遺産の世界』16、1-11 頁。

木質科学研究所・木悠会編　2001『木材なんでも小事典』講談社ブルーバックス、講談

社。

森岡秀人・三好玄・田中元浩　2016「総括」『集落動態からみた弥生時代から古墳時代への社会変化』（古代学研究会編）六一書房、355–398 頁。

李貞・中塚武　2020「奈良県・茅原中ノ坊遺跡から出土した木材の酸素同位体比年輪年代法による年代決定」『奈良県文化財調査報告書・第 185 集「茅原中ノ坊遺跡」』橿原考古学研究所、66–74 頁。

Bocinsky, R. K., J. Rush, K. W. Kintigh, T. A. Kohler 2016 Exploration and exploitation in the microhistory of the pre-Hispanic Pueblo Southwest, *Science Advance* 2, e1501532.

Büntgen, U., T. Kolár, M. Rybnícek, E. Konasová, M. Trnka, A. Ac, P. Krusic, J. Esper, K. Treydte, F. Reinig, A. Kirdyanov, F. Herzig, O. Urban 2020 No age trends in oak stable isotopes, *Paleoceanography and Paleoclimatology* 34, https://doi.org/10.1029/2019PA003831.

Dansgaard, W. 1964 Stable isotopes in precipitation. *Tellus* 16, 436468.

Farquhar G. D., J. R. Ehleringer, K. T. Hubick 1989 Carbon isotope discrimination and photosynthesis. *Annual Review of Plant Physiology and Plant Molecular Biology* 40, 503–537.

Esper, J., E. R. Cook, P. J. Krusic, K. Peters, F. H. Schweingruber 2003 Tests of the RCS method for preserving low-frequency variability in long tree-ring chronologies. *Tree-Ring Research* 59, 81–98.

Fritts, H. C. 1976 "*Tree Rings and Climate*" Academic Press.

Hakozaki, M., F. Miyake, T. Nakamura, K. Kimura, K. Masuda, M. Okuno 2018 Verification of the annual dating of the 10th century Baitoushan volcano eruption based on an AD 774–775 radiocarbon spike. *Radiocarbon* 60, 261–268.

Kagawa, A., M. Sano, T. Nakatsuka, T. Ikeda, S. Kubo 2015 An optimized method for stable isotope analysis of tree rings by extracting cellulose directly from cross-sectional laths, *Chemical Geology* 393–394, 16–25.

Li, Q., T. Nakatsuka, K. Kawamura, Y. Liu, H. Song 2011 Hydroclimate variability in the North China Plain and its link with El Niño-Southern Oscillation since 1784 A.D. Insights from tree-ring cellulose δ^{18}O, *Journal of Geophysical Research* 116, D22106.

Li, Z., T. Nakatsuka, M. Sano 2015 Tree-ring cellulose δ^{18}O variability in pine and oak and its potential to reconstruct precipitation and relative humidity in central Japan, *Geochemical Journal* 49, 125–137.

Loader, N. J., I. Robertson, A. C. Baker, V. R. Switsur, J. S. Waterhouse 1997 An improved technique for the batch processing of small wholewood sample to α-cellulose. *Chemical Geology* 136, 313–317.

Loader, N. J., G. H. F. Young, D. McCarroll, R. J. S. Wilson 2013 Quantifying uncertainty in isotope dendroclimatology, *Holocene* 23, 1221–1226.

Mann M. E., Z. Zhang, M. K. Hughes, R. S. Bradley, S. K. Miller, S. Rutherford, F. Ni 2008 Proxy-based reconstructions of hemispheric and global surface temperature variations over the past two millennia. *Proceedings of the National Academy of Sciences of the United States of America* 105, 13252–13257.

Nakatsuka, T., K. Ohnishi, T. Hara, A. Sumida, D. Mitsuishi, N. Kurita and S. Uemura 2004 Oxygen and carbon isotopic ratios of tree-ring cellulose in a conifer-hardwood mixed forest in northern Japan. *Geochemical Journal* 38, 77–88.

Nakatsuka, T., K. Ohnishi, Y. Takahashi 2010 Seasonal changes in relative humidity recorded by intra-ring variations in oxygen isotopic ratio of tree-ring cellulose. in *"Earth, Life and Isotope"* edited by N. Ohkouchi, I. Tayasu and K. Koba, Kyoto University Press, Kyoto, pp. 291–301.

Nakatsuka, T., M. Sano, Z. Li, C. Xu, A. Tsushima, Y. Shigeoka, K. Sho, K. Ohnishi, M. Sakamoto, H. Ozaki, N. Higami, N. Nakao, M. Yokoyama, T. Mitsutani 2020 A 2600–year summer climate reconstruction in central Japan by integrating tree-ring stable oxygen and hydrogen isotopes. *Climate of the Past* 16, 2153–2172, https://doi.org/10.5194/cp-16-2153-2020.

Reimer, P. J., E. Bard, A. Bayliss, J. W. Beck, P. G. Blackwell, C. B. Ramsey, C. E. Buck, H. Cheng, R. L. Edwards, M. Friedrich, P. M. Grootes, T. P. Guilderson, H. Haflidason, I. Hajdas, C. Hatté, T. J. Heaton, D. L. Hoffmann, A. G. Hogg, K. A. Hughen, K. F. Kaiser, B. Kromer, S. W. Manning, M. Niu, R. W. Reimer, D. A. Richards, E. M. Scott, J. R. Southon, R. A. Staff, C. S. M. Turney, J. van der Plicht 2013 Intcal13 and Marine13 radiocarbon age calibration curves 0–50,000 years cal BP, *Radiocarbon* 55, 1869–1887.

Roden, J. S., G. Lin and J. R. Ehleringer 2000 A mechanistic model for interpretation of hydrogen and oxygen isotope ratios in tree-ring cellulose. *Geochimica Cosmochimica Acta* 64, 21–35.

Sano, M., C. Xu, T. Nakatsuka 2012 A 300–year Vietnam hydroclimate and ENSO variability record reconstructed from tree ring $\delta^{18}O$, *Journal of Geophysical Research* 117, D12115.

Sano, M., P. Tshering, J. Komori, K. Fujita, C. Xu, T. Nakatsuka 2013 May–September precipitation in the Bhutan Himalaya since 1743 as reconstructed from tree-ring cellulose $\delta^{18}O$, *Journal of Geophysical Research* 118, 8399–8410.

Sharp, Z. D., V. Atudorei, T. Durakiewicz 2001 A rapid method for determination of hydrogen and oxygen isotope ratios from water and hydrous minerals. *Chemical Geology* 178, 197–210.

Speer, J. H. 2010 "*Fundamentals of Tree-Ring Research*" The University of Arizona Press.

Szymczak, S., M. M. Joachimski, A. Bräuning, T. Hetzer, J. Kuhlemann 2012 Are pooled tree ring δ^{13}C and δ^{18}O series reliable climate archives ? – A case study of *Pinus nigra spp. laricio* (Corsica/France), *Chemical Geology* 308, 40–49.

Tan, L., Y. Cai, Z. An, R. L. Edwards, H. Cheng, C-C. Shen, H. Zhang 2010 Centennial-to decadal-scale monsoon precipitation variability in the semi-humid region, northern China during the last 1860 years: Records from stalagmites in Huangye Cave, *Holocene* 21, 287–296.

van Oldenborgh G. J. and G. Burgers 2005 Searching for decadal variations in ENSO precipitation teleconnections, *Geophysical Research Letters* 32, L15701, 2005.

Wang, L-C., H. Behling, T-Q. Lee, H-C. Li, C-A. Huh, L-L. Shiau, S-H. Chen, J-T. Wu 2013 Increased precipitation during the Little Ice Age in northern Taiwan inferred from diatoms and geochemistry in a sediment core from a subalpine lake, *Journal of Paleolimnology* 49, 619–631.

Xu, C., M. Sano, and T. Nakatsuka 2011 Tree ring cellulose δ^{18}O of *Fokienia hodginsii* in northern Laos: A promising proxy to reconstruct ENSO? *Journal of Geophysical Research* 116, D24109.

Zhang, P., H. Cheng, R. L. Edwards, F. Chen, Y. Wang, X. Yang, J. Liu, M. Tan, X. Wang, J. Liu, C. An, Z. Dai, J. Zhou, D. Zhang, J. Jia, L. Jin, K. R. Johnson 2008 A Test of climate, sun, and culture relationships from an 1810-year Chinese cave record, *Science* 322, 940–942.

あとがき——コロナ禍と歴史研究

　新型コロナウィルスの感染が、日本を含む世界を覆いつくす中で、この文章
を書いている。この疫病の蔓延はまさに世界史的な事件であり、コロナ後の世
界はそれ以前とは全く違ったものになる、つまり今回の事態が時代の転換をも
たらす可能性が識者の間では議論され始めている。この本が実際に皆さんの元
に届くころには、世の中はどうなっているのか、今は神のみぞ知るという状況
である。今回の新型コロナウィルスの蔓延と同じ現象は、ペストや天然痘、コ
レラや麻疹などの疫病の蔓延という形で、歴史上、何度も繰り返されてきた。
今回の事態には、グローバル化によって一気に世界に広まったという面での新
奇性があるけれども、過去の疫病の大流行も地域社会に大打撃を与えたという
意味では、今回と同じ、あるいはそれ以上のインパクトを社会に与えてきたに
違いない。

　本書では、酸素同位体比年輪年代法という新しい手法が、先史・古代の人間
活動の変遷を年単位で明らかにできる新しいツールになるとともに、人類の歴
史を大きく左右した可能性のある気候変動を詳細に復元できること、そしてそ
の両面を組み合わせることで、「気候変動に対する人間社会の応答」という現
代にも通じる普遍的な研究のテーマを、時代と地域を越えて、比較史の観点か
ら追究していける可能性について述べてきた。気候変動が農作物の豊凶の変化
を通して、前近代の農業社会に甚大な影響を与えてきたことはほぼ疑いのない
ことであるが、特に数十年周期で気候が大きく変動した時代において、豊作期
に人口や生活水準を拡大させた人々が、引き続く凶作期に甚大な被害を被った
であろうこと、そして、それが時代の大きな転換をもたらした可能性が、年輪
セルロース酸素同位体比のデータと歴史の年表の単純な比較からも、浮かび上
がってきている。

　気候変動が社会に与えた甚大な被害、すなわち大規模な人的・社会的・経済的な損失は、今回の新型コロナウィルスのような数々の疫病によっても、また地震や津波、火山噴火などの無数の地殻災害によっても、あるいは人間自身が引き起こした幾多の戦争や紛争によっても、歴史上の人間社会に、繰り返し繰り返し、もたらされてきた。そしてその都度、少なからぬ割合の人々が命や職を失い、その災厄が去った後には、膨大に解き放たれた社会のニッチを生き残った人々がしたたかに埋めることで、時代が転換し、あるときは、それ以前の社会の脆弱性を克服し、あるときは、それ以前の社会のよき伝統を見失い、よくも悪くも歴史の歯車が回ってきたと思われる。新型コロナウィルスの感染の拡大は、感染による直接の人的損失とともに、世界中のすべての人々に甚大な経済的・社会的影響を与えつつある。コロナ後の社会をどのような社会にしていくべきなのか、していける可能性があるのか。先人たちのよき先例、悪しき教訓から学ぶべきことは多いに違いない。酸素同位体比年輪年代法が、年代決定と気候復元という車の両輪を通じて、そうした研究の一翼を担えるようになることを願ってやまない。

　もとより、本書に書いたことはすべて、考古学や歴史学の門外漢である理系の一研究者による視野の狭い論考である。また私は伝統的な年輪年代学の教育もきちんと受けていない、同位体地球化学の出身者である。そうした私が書いた論考なので、まるで「酸素同位体比年輪年代法だけで、すべてのことが解明できる」かのような勢いで書いていることに、戸惑いを覚える読者の方々も多いことと思われる。実際には、酸素同位体比年輪年代法は、数限りなくある研究手法の一つに過ぎず、年代決定や気候復元にも既存の多くの優れた方法があるし、先史・古代の研究では、これまでに積み重ねられてきた（そして、これからも積み重ねられていくであろう）考古学の研究の成果が、先史・古代社会の理解の最大の基盤になることは疑いようもない。そうした考古学や関連諸分野の研究成果、つまりこれまでの考古学を巡る研究史を的確に踏まえた叙述が、本書でほとんど展開できていないことは、ひとえに私の浅学のせいである。「これが文理（異分野）融合研究の限界」と言ってしまえば、それまでで

あるが、今後の協働の発展のためにも、率直に皆さまからの批判を受け止めたい。忌憚なき、ご意見・ご感想をお聞かせいただければと思う次第である。

　本書の執筆にあたっては、本文中でたくさんのお名前をあげた研究者、遺跡調査員、学生の方々以外にも、多くの方々に直接のお世話になっている。北海道大学、名古屋大学、総合地球環境学研究所の研究室で年輪同位体比の分析に携わってくださった方々（大西啓子氏、安井明美氏、李強氏、許晨曦氏、對馬あかね氏、鈴木弓子氏、手島美香氏、重岡優希氏、村上由美子氏、遠部慎氏、山本真美氏、内田梨恵子氏）、研究室で研究をサポートしてくださった方々（皇甫さやか氏、三浦友子氏、政岡二三笑氏、若尾名緒氏）、貴重な年輪試料を提供してくださった方々（中尾七重氏、横山操氏）、それから、多岐にわたり名前をあげることはできないが、全国各地の遺跡発掘調査関係者の方々、研究成果の発信をしていただいた所属機関の広報担当者の方々、新聞やテレビのメディア関係の方々、出版社の方々。こうした方々の協力なしには、本書の内容は世に出ることはなかった。ここで改めて、ご協力に心より感謝したい。

　最後に忘れてはならないのが、すべての研究を支えてくださった納税者の皆さんからのご支援である。直接的には、主に以下のような研究費を使わせていただいた。ここに記して、その支援に感謝したい。総合地球環境学研究所・個別連携プロジェクト経費（No. 14200077）「高分解能古気候学と歴史・考古学の連携による気候変動に強い社会システムの探索」（2014～18年度）、日本学術振興会・基盤研究A（No. 23242047）「酸素同位体比を用いた新しい木材年輪年代法の開発とその考古学的応用」（2011～13年度）、同・基盤研究A（No. 26244049）「酸素同位体比を用いた新しい木材年輪年代法の高度化に関する研究」（2014～16年度）、同・基盤研究S（No. 17H06118）「年輪酸素同位体比を用いた日本列島における先史暦年代体系の再構築と気候変動影響評価」（2017～21年度）。

　2021年4月

中塚　武

酸素同位体比年輪年代法
──先史・古代の暦年と天候を編む──

■著者略歴■

中塚　武（なかつか・たけし）

1963 年生まれ。大阪府出身。
京都大学理学部卒業、名古屋大学大学院理学研究科博士後期課程大気水
圏科学専攻・単位取得退学。博士（理学）。
北海道大学低温科学研究所助教授、総合地球環境学研究所教授などを経
て、現在、名古屋大学大学院環境学研究科教授。
〔主要論著〕
「気候変動と歴史学」『環境の日本史①日本史と環境』吉川弘文館、2012
年。「樹木年輪セルロースの酸素同位体比による気候変動の復元」『現代
の生態学②地球環境変動の生態学』共立出版、2014 年。「酸素同位体比
年輪年代法がもたらす新しい考古学研究の可能性」『考古学研究』62、
2015 年。『気候変動から読みなおす日本史（全 6 巻）』臨川書店、2020
～21 年（監修・共編著）。A 2600-year summer climate reconstruction
in central Japan by integrating tree-ring stable oxygen and hydrogen
isotopes. *Climate of the Past* 16, 2153-2172, https://doi.org/10.5194/cp-
16-2153-2020.（2020 年、共著）

2021 年 6 月 20 日発行

著　者　中　塚　　　武
発行者　山　脇　由紀子
印　刷　㈱理　想　社
製　本　協栄製本㈱

発行所　東京都千代田区飯田橋 4-4-8　㈱同成社
　　　　（〒102-0072）東京中央ビル
　　　　TEL　03-3239-1467　振替　00140-0-20618